불꽃의 화가 빈센트 반 고흐

불꽃의 화가, 빈센트 반 고흐

ⓒ 박선희, 2004

초판 1쇄 인쇄일 | 2004년 11월 4일
초판 2쇄 발행일 | 2008년 3월 20일

지은이 | 박선희
펴낸이 | 김현주
펴낸곳 | 이룸

출판등록 | 1997년 10월 30일 제10 − 1502호
주소 | 121 − 210 서울시 마포구 서교동 395 − 101 우신빌딩 5층
전화 | 편집부 (02) 324 − 2347, 영업부 (02) 2648 − 7224
팩스 | 편집부 (02) 324 − 2348, 영업부 (02) 2654 − 7696
e − mail | erum9@hanmail.net
Home page | http://www.erumbooks.com

ISBN 89 − 5707 − 128 − 8 (44990)
        89 − 5707 − 093 − 1 (set)

값 7,500원

청소년
평전 12

불꽃의 화가 빈센트 반 고흐

박선희 지음

이룸

차 례

밀밭이 내려다보이는 언덕에서 빈센트 반 고흐는 정신없이 붓질을
하고 있었다. 들판에 거센 바람이 몰아치고 있었다. 끝없이 펼쳐진 밀
밭이 사납게 물결쳤다. 재빠르게 움직이는 붓끝을 따라 화판엔 노란색
물감이 회오리치듯 번져 나갔다. 이마를 타고 흘러내린 땀이 붉은 턱
수염으로 스며들었다. 시간이 지날수록 화판은 술렁이는 황금빛 밀밭
으로 뒤덮였다. 그림 속에서 길은 밀밭 사이로 사라졌다.

빈센트는 팔레트를 내리고 옷소매로 이마의 땀을 닦았다. 깡마른 얼
굴에는 만족스러움과 쓸쓸함이 반반씩 배어 있었다. 빈센트는 이번 그
림이 지금까지 그린 밀밭 그림 중에서 가장 마음에 들었다. 넓은 화판

에는 세찬 바람에 굽이치는 밀밭 풍경이 그대로 담겨 있었다.

빈센트는 그림에서 눈을 떼고 무르익은 황금빛 들판을 바라보았다. 밀밭은 바람이 부는 대로 출렁거렸다. 곧 비바람이 몰아칠 것처럼 시커먼 구름이 하늘을 뒤덮고 있었다.

"까악, 깍 깍……."

한 무리의 까마귀 떼가 노란 밀밭 위를 활개를 치며 날아갔다. 밀밭 그림을 그릴 때마다 귀찮게 방해하곤 하던 놈들이었다. 반갑지 않은 새 떼들을 쫓기 위해 빈센트는 주머니에 늘 권총을 넣고 다녔다. 까마귀 떼는 평소보다 더 악을 쓰고 울어 댔다.

"깍, 깍, 까악 깍……."

"망할 놈의 까마귀들."

주머니에서 권총을 꺼내려던 빈센트는 얼른 화판으로 다가섰다. 그러고는 붓을 하나 골라 검은색 물감을 듬뿍 묻혔다. 빈센트는 신들린 듯 빠르게 붓질을 해 나갔다.

한 마리, 두 마리, 세 마리…….

까마귀 떼는 순식간에 그림 속의 밀밭을 몰려다니기 시작했다. 그림에 집중한 빈센트의 얼굴은 빨갛게 열이 오르고 있었다. 날카롭게 내쏘는 눈빛은 까마귀 떼와 화판을 오가며 휘번득였다. 손길이 바빠질수록 숨소리도 점점 거칠어졌다.

마지막 붓질을 끝낸 빈센트는 그림 한구석에 '까마귀가 나는 밀밭'

이라고 써넣었다. 그러고는 손에서 붓을 떨어뜨렸다.

'이제 더 이상 그림을 그릴 힘이 남아 있지 않아.'

빈센트는 막 완성된 작품 앞에서 꼼짝도 할 수 없었다. 마른 빵 한 조각만을 먹고 온 힘을 다해 그린 그림이었다. 빈센트는 그림을 보며 혼자 중얼거렸다.

"내 그림들이 모든 것을 말해 줄 거야."

후드득후드득.

굵은 빗방울이 검게 그을린 팔뚝에 떨어졌다. 밀밭을 삼켜 버릴 듯한 먹구름이 빠르게 몰려오고 있었다. 빈센트는 허둥지둥 그림 도구를 챙겼다. 겉옷을 벗어 조금 전 완성한 그림을 젖지 않게 잘 감쌌다. 바람이 더 사납게 불어 대기 시작했다. 빗방울은 금세 굵은 소나기로 변했다. 화구와 그림을 둘러멘 빈센트는 언덕 아래로 달려 내려갔다.

집으로 돌아온 빈센트는 그대로 침대에 쓰러져 잠들었다.

다음날 오후, 빈센트는 다시 집을 나섰다. 점심 식사를 하고 왔을 때부터 식은땀을 흘리며 불안해하고 있었다. 퀭하게 들어간 두 눈과 수척해진 뺨 때문에 그의 인상은 더욱 무서워 보였다.

빈센트는 뒤도 돌아보지 않고 마을을 빠져나갔다. 그의 발걸음은 물결치는 황금벌판을 지나 언덕 위의 옛 성으로 향하고 있었다.

"지긋지긋한 발작, 올 테면 와라."

빈센트는 초록색 눈동자로 허공을 쏘아보며 말했다. 밀밭에서 마을로 가던 농부가 빈센트를 힐긋 보고는 고개를 갸웃거렸다. 빈센트는 농부를 알아보지 못한 채 언덕을 올랐다. 창백한 얼굴은 공포에 휩싸인 듯 질려 있었다.

"악마의 저주를 내 손으로 끝내고야 말겠어."

빈센트는 어두운 그림자가 자신을 점점 에워싸는 것을 느꼈다. 발작 직전에 검은 악마가 온몸을 조여 오는 고통은 너무도 생생했다.

성 가까이 이르렀을 때 빈센트는 숨통이 막힌 것처럼 헉헉거리며 가슴을 쥐어뜯었다. 검은 악마가 두 손을 뻗치더니 사정없이 목을 조르는 것이었다. 발버둥을 쳤지만 팔 다리가 뻣뻣해 말을 듣지 않았다. 빈센트는 있는 힘을 다해 윗저고리에서 권총을 꺼냈다. 그런 다음 악마의 등으로 팔을 돌려 방아쇠를 당겼다.

"탕!"

총소리와 함께 빈센트는 땅바닥에 쓰러졌다. 악마의 그림자가 서서히 걷히면서 옆구리가 칼로 후벼파는 듯 아파 왔다. 빈센트는 고통을 참은 채 희미하게 미소를 지었다. 그러고는 꿈을 꾸듯 중얼거렸다.

"악마의 저주는 더 이상 없을 거야……."

그림으로만 말하고 그림으로 모든 고통을 이겨 낸 빈센트 반 고흐, 그림 속에서 자신을 찾았고 그림 속에 자신을 불살랐던 화가. 그는 화가라는 운명을 온몸으로 받아들였고, 죽을 때까지도 그림에 사로잡혀 있었다. 죽기 전 마지막 5년간, 빈센트는 시시때때로 찾아오는 발작과 싸우며 치열하게 그림을 그렸다. 죽음의 그림자는 집요하게 빈센트를 에워쌌고 그럴수록 빈센트는 미친 듯이 붓을 놀렸다.

빈센트는 어느 위대한 화가도 따라올 수 없는 정열을 가진 화가였다. 그는 스물일곱의 늦은 나이에 그림을 시작해 10년 동안 900점에 가까운 유화와 1,000점이 넘는 데생을 그렸다. 농부와 노동자들, 가난한 사람들에 대한 사랑을 담은 그림들이었다. 그러나 살아생전 빈센트는 단 한 점의 그림을 팔았을 뿐이다. 피나는 노력으로 찾아낸 색채와 진실이 우러난 그림들이 너무 늦게 인정을 받았던 것이다. 그는 이렇게 말했다.

"내 그림들이 모든 것을 말해 줄 거야."

그가 말했던 대로, 빈센트 반 고흐는 이제 우리 곁에서 자신이 겪은 고통과 슬픔, 사랑을 그림으로써 이야기해 주고 있다.

폭풍이 몰아치고 까마귀 떼가 날아다니는 밀밭처럼, 평생을 가난과 외로움에 몸부림쳤던 화가 빈센트 반 고흐. 37년이라는 그의 짧은 생은 진실한 삶을 말해 주기 위한 또 다른 시작이었다.

1. 빨간 머리의 고집 센 아이

"여보, 오늘 우리 맏아들이 그린 그림을 좀 보세요."

거실에서 뜨개질을 하고 있던 안나가 양탄자 위에 놓인 스케치북을 들어올리며 말했다. 털이 짧은 커다란 개가 사납게 짖고 있는 연필 스케치는 꽤나 그럴듯했다.

"그래, 아주 잘 그렸구나."

설교 원고를 쓰고 있던 도루스 목사는 고개를 끄덕이며 웃음을 지었다. 장난을 치며 놀던 세 아이들도 그림으로 몰려들어 야단법석을 떨었다.

"와, 진짜 같다."

"정말 오빠가 그린 거야?"

그러나 정작 그림을 그린 주인공은 얼굴이 빨개져서는 어쩔 줄을 몰라 했다. 열심히 그린 건 사실이지만 아주 뛰어난 그림이라는 생각은 들지 않았기 때문이다. 게다가 수채화나 연필 스케치를 잘하는 아이들은 학교에도 여러 명 있었다. 칭찬을 받는 건 좋지만 실제보다 과장되게 치켜세우는 말은 듣기 싫었다.

"지난번에 그린 다리 그림도 얼마나 잘 그렸는지 깜짝 놀랐잖아요?"

안나는 장남의 머리를 쓰다듬어 주려고 의자 옆으로 팔을 뻗었다. 새와 나비를 잡는다고 남의 밭을 엉망으로 만들어 놓곤 하는 아홉 살 개구쟁이였지만, 그림과 독서를 좋아하는 맏아들이 기특하기만 했다. 그런데 그새 어디로 도망을 갔는지 아이는 이미 거실에 없었다.

그림을 그린 어린 소년은 마을 길을 걷고 있었다. 발길이 닿는 대로 혼자서 걸어다니는 것을 소년은 좋아했다. 하늘을 날아다니는 종달새들, 파릇파릇 자라나는 보리와 검은 흙, 바람에 엷게 흔들리는 나뭇잎과 들꽃, 자연의 모든 것이 소년의 마음을 사로잡았다. 처음엔 교회 신자들의 집을 방문하는 아버지를 따라 걸었지만, 자연에 대한 깊은 사랑이 생기면서부터는 홀로 걷는 것을 즐겼다.

자연을 벗삼아 하루하루 혼자 산책을 나갔던 빨간 머리의 소년, 그는 바로 평생을 홀로 외롭게 방랑했던 화가 빈센트 반 고흐였다.

1853년 3월 30일, 빈센트 반 고흐는 네덜란드의 가난한 시골 마을 준데르트에서 목사의 맏아들로 태어났다. 아버지 테오도루스 반 고흐는 성실한 개신교 목사였고, 어머니 안나 코르넬리아 카르벤투스는 그림과 글에 소질이 있으며 성격이 밝은 여자였다.

빈센트의 탄생은 도루스와 안나에게 가슴 벅찬 기쁨을 안겨 주었다. 첫째 아이가 태어나자마자 죽은 후, 정확히 1년 만에 얻은 사내아이였기 때문이다. 두 사람은 붉은 머리카락과 주근깨, 진한 녹색을 띤 파란 눈의 아이에게 죽은 형과 똑같이 '빈센트'라는 이름을 지어 주었다. 건강한 체질을 타고난 빈센트는 부모의 사랑 속에 무럭무럭 자라났다.

어린 시절의 빈센트는 천재도 고독한 아이도 아닌 평범한 아이였다. 가끔 고집이 세고 버릇이 없다는 말을 듣기는 했지만, 큰 문제가 될 정도로 고약한 행동을 하거나 심하게 말썽을 부리지는 않았다. 단지 첫째 아이를 잃고 나서 얻은 아이라 애지중지 키우다 보니 자기 뜻대로 하려는 성미가 있는 것은 사실이었다.

빈센트가 태어난 후, 2년에서 5년의 터울을 두고 세 여동생과 두 남동생이 태어났다. 여섯 남매가 북적대는 빈센트네 이층집은 가난하지만 늘 행복이 넘쳤다. 특히 빈센트와 남동생 테오는 싸움 한 번 하지 않고 쌍둥이 형제처럼 붙어 다니며 놀았다.

"테오! 조금 있다 목사관 뒤 오솔길로 나와. 종달새가 보리밭에 둥지를 틀었는데 같이 보러 가자. 아무도 모르게 나와야 해. 왁자지껄 몰

려다니는 건 질색이니까."

"알았어 형. 참, 내가 과자를 가지고 갈게. 며칠 동안 아껴 둔 게 있거든."

"그래. 오는 길에 너도밤나무 아래서 먹자."

빈센트와 테오는 다른 형제들 몰래 둘만 노는 걸 좋아했다. 빈센트는 다른 동생들보다도 네 살 어린 남동생 테오를 유독 귀여워했다. 테오 역시 형을 좋아해 걸음마를 하면서부터 그림자처럼 빈센트를 따라다녔다. 둘은 언제나 단짝이 되어 다니고, 함께 들판에 나가 동물이나 식물을 관찰하며 놀았다. 고집불통에 멋없는 빈센트도 테오와 함께 있을 때만큼은 재미있는 형이 될 수 있었다.

그러나 동생들이 늘어나면서 둘만 놀 수 있는 시간은 점점 줄어들 수밖에 없었다. 빈센트는 갈수록 집이 비좁아지는 게 답답해졌다.

'집이 넓어서 테오와 둘이서만 놀 데가 있다면 좋을 텐데.'

테오를 데리고 다니면서 빈센트는 늘 그런 생각을 했다. 이렇게 남달랐던 형제의 우애가 죽을 때까지 이어질 줄은 아무도 알지 못했다.

어린 시절, 빈센트는 주위의 관심을 끄는 아이는 아니었다. 주근깨 많은 얼굴에 쏘아보는 듯한 눈동자, 붉은 머리카락은 친구들의 마음에 들 만한 외모라고는 할 수 없었다. 게다가 고집까지 세 누구에게도 인기를 끌지 못했다.

학교에서 야외로 미술 수업을 나간 어느 날이었다.

빈센트는 개울가의 평평한 바위에 앉아 그림을 그리고 있었다. 스케치를 후딱 끝낸 뒤 열심히 색칠을 하는 중이었다. 그런데 옆에서 스케치를 하던 아이가 빈센트의 그림을 보며 소리쳤다.

"야, 빈센트, 느릅나무는 갈색이잖아."

그 아이는 여러 가지 색을 마구 섞어 칠하는 빈센트에게 갈색 물감을 가리켰다.

"그렇지 않아. 그냥 보면 갈색이지만 자세히 보면 회색이 섞인 갈색이야. 햇빛이 많이 비칠 땐 붉은색도 보이는걸?"

"네 눈에는 저 나무가 그렇게 요란한 색깔로 보이냐?"

옆에 앉은 아이가 어이없다는 듯 웃으며 말했다.

"갈색이 맞아, 빈센트."

"그래, 네가 잘못 보았어."

다른 아이들도 모두 느릅나무가 갈색이라고 말하며 빈센트의 말이 틀렸다고 했다. 그래도 빈센트는 자기 생각을 바꾸려 하지 않았다.

"자세히 들여다보면 여러 가지 색이 섞여 있다니까. 내 그림에 참견하지 말고 저리들 가!"

아이들은 씩씩거리며 화를 내는 빈센트를 두고 저희들끼리 수군댔다. 누군가 이렇게 말하는 소리가 들렸다.

"어휴, 저 지독한 고집쟁이."

이렇듯 빈센트는 친구들과 잘 어울리지 못했다. 자기 주장을 굽히는 법이 없어 자주 다투었을 뿐만 아니라, 때로는 주먹질까지 하는 일도 있었다.

하지만 열한 살이 되어 도시의 기숙학교로 전학한 빈센트는 학교 생활에 잘 적응하려고 애를 썼다. 무뚝뚝한 성격은 고쳐지지 않았지만, 친구들과 부딪치는 일 없이 공부도 열심히 했다. 특히 언어에 놀라운 능력을 발휘해 2년 후에는 영어와 프랑스 어를 유창하게 말하고 쓸 수 있었고, 독일어 실력도 수준급이 되었다. 이때부터 인정받은 외국어 능력은 고흐가 런던이나 파리에서 화상(그림을 사고 파는 사람)과 화가 생활을 할 때 훌륭한 밑거름이 되었다.

초등학교를 졸업한 빈센트는 국립 중학교에 입학했다. 집에서 더 멀리 떨어진 곳이긴 했지만 빈센트는 이 학교가 당장에 마음에 들었다. 고리타분하지 않은 멋쟁이 교장 선생님과 지식이 많은 선생님들이 자유로운 분위기에서 학생들을 가르치고 있었던 것이다.

무엇보다 즐거운 것은 한 주에 미술 시간이 네 시간이나 들어 있다는 것이었다. 미술 교육에 관심이 많았던 교장은 학생들이 제대로 미술을 배울 수 있도록 여러 가지로 신경을 써 주었다. 그 당시 이름을 얻고 있던 화가를 미술 교사로 모셔 온 것도 교장의 생각이었다.

빈센트는 미술 시간이 즐거웠다. 미술 선생님이 그림 이야기를 해 줄 때마다 빈센트의 눈은 초롱초롱 빛났다.

'센트 큰아버지에게 들었던 얘기들이야. 큰아버지가 미술가들의 삶에 더 관심이 많으셨다면, 미술 선생님은 각 유파의 특징과 흐름에 초점을 맞추어 수업을 하실 뿐이지.'

빈센트의 셋째 큰아버지 센트는 유럽의 주요 도시와 미국에까지 화랑(미술품을 전시하고 팔기도 하는 곳)을 운영하는 성공한 미술품 상인이었다. 센트는 동생의 집에 놀러 올 때마다 조카들에게 그림에 대한 이야기를 들려주었다. 빈센트는 센트 큰아버지의 그림 이야기를 무척이나 좋아했다. 그리고 센트 역시 그런 빈센트를 눈여겨보며 자기 사업을 이어 갈 후계자가 될지도 모른다는 생각을 하고 있었다.

미술 시간의 원근법(눈에 보이는 대로 가까이 있는 것은 크게, 멀리 있는 것은 작게 그리는 미술 기법)만 빼면, 빈센트는 모든 과목에서 우수한 성적을 얻었다. 학교에 들어오기 전에 거치는 예비교육을 받지 않았는데도 1학년 시험을 문제없이 통과할 수 있었다. 그러나 2학년이 되면서 사정은 달라졌다.

문제는 새로운 교장이 부임하면서 생기기 시작했다. 어느 날 작문 시간에 야외 수업을 하러 교실을 나서고 있을 때였다.

"거기 몇 반인가? 복도에서 소란을 떨고 뛰어다니다니. 한 줄로 줄을 서서 질서 정연하게 걸어다녀야지."

빳빳하게 다린 양복을 입고 야단을 치는 사람은 새로 부임한 교장이었다.

둘씩 셋씩 모여 장난을 치며 나가던 학생들은 의아스러웠다. 아직 수업 종도 울리지 않았고, 쉬는 시간에 가볍게 치고 받으며 키득거리고 다니는 것쯤 문제 된 적이 없었던 것이다. 그런데 야외 수업을 하러 간다는 말을 듣고 교장은 펄쩍 뛰기까지 했다.

"수업은 교실에서 해야지 야외 수업이라니. 여기서도 이렇게 어수선한데 밖에 나가면 안 봐도 뻔하지 않은가. 수업은 자고로 딱딱한 의자에 앉아서 해야 제대로 되는 법이야. 내가 작문 선생에게 얘기할 테니 다시 교실로 들어들 가게."

"야외 수업은 지금까지 종종 해 오던 일입니다. 특히 작문 시간엔 교실에서 하는 것보다 좋은 글이 많이 나오는 것으로 알고 있습니다. 딱딱한 의자에 앉아서 하면 딱딱한 생각이 나오지만 자연 속에서는 바람처럼 자유로운 생각이 나오거든요."

여기저기서 킥킥거리는 소리가 들렸다. 교장에게 말대꾸를 한 것은 빈센트였다. 빈센트의 찌르는 듯한 눈빛에는 반발심이 엿보였다.

얼굴이 벌겋게 달아오른 교장은 노여움을 억누르며 말했다.

"제멋대로 뻗친 가지들을 반듯하게 잘라 내고 다듬는 것이 내 교육 방침이네."

그는 교실로 들어가라고 다시 한 번 얘기한 뒤 그 자리를 떠났다. 가장 나중에 교실로 들어간 것은 빈센트였다.

독일인 박사인 새 교장은 교사와 학생들에게 엄격한 질서와 규율을 강조하는 교육자였다. 그는 학생들이 조금만 떠들어도 벌을 주었고, 교사와 학생이 서로 농담을 하거나 교과 내용 외의 수업을 하는 것도 용납하지 않았다. 즐겁고 자유로웠던 학교는 교장이 바뀌면서 살벌하고 딱딱한 곳이 되고 말았다. 빈센트는 그러한 분위기를 참아 내기가 힘들었다.

'새로 온 교장은 학교를 군대로 착각하고 있어. 지켜야 할 게 너무 많아 숨이 막혀 버릴 것 같다니까. 이런 곳에서는 단 하루도 공부하기가 싫어.'

자유로운 기질을 타고난 빈센트는 강제적인 규율을 받아들이지 못했다. 쓸데없는 규칙에 무조건 따르고 복종하는 일을 더 이상 할 수 없었던 것이다. 1학년 때 재미있기만 했던 수업 시간은 따분하고 지겨워졌다. 결국 빈센트는 학기 도중에 집으로 돌아온 뒤 두 번 다시 학교로 돌아가지 않았다.

빈센트가 집에 돌아오자 도루스와 안나는 걱정이 태산 같았다.

"자기 마음에 들지 않으면 도무지 적응을 하지 못하니 원. 사회생활을 하더라도 성격이 원만해야 어려움이 없을 텐데 말이오."

"빈센트가 좀 예민한데다 사춘기라 그럴지도 몰라요. 그런 애가 강압적인 학교 교육을 받아들이기는 쉽지 않았을 거예요. 그보다도 가족들과 말도 잘 안 하고 혼자 있으려고 하는 게 더 문제지요."

빈센트는 빈센트대로 답답한 시간을 보내고 있었다. 걱정이 가득한 부모님과 매일 마주치는 게 가장 괴로운 일이었고, 빈둥빈둥 시간을 보내는 것도 못 할 짓이었다. 말동무가 되어 줄 테오는 하루 종일 학교에 가 있었다. 빈센트는 무엇을 해야 할지 갈피를 잡을 수 없었다.

'내 삶을 의미 있는 일에 바치고 싶은데 그게 뭔지 알 수가 없어. 이렇게 계속 하는 일 없이 놀고만 있을 수도 없고.'

빈센트는 혼자 들판을 걸으며 지루하고 갑갑한 마음을 달랠 뿐이었다.

어느 날 도루스 목사는 서재로 빈센트를 불러들였다.

"빈센트, 이제 너도 열여섯 살이다. 앞으로 무슨 일을 할 것인지 계획을 세워야 하지 않겠니?"

빈센트는 아무 대답도 하지 못했다.

"다른 생각이 없다면 셋째 큰아버지 일을 도와 드리는 게 어떻겠니?"

"예?"

고개를 숙이고 있던 빈센트는 두 눈을 둥그렇게 떴다. 센트 큰아버지의 일을 돕는다는 것은 생각지도 못한 일이었다. 도루스는 저고리 안주머니에서 편지 한 통을 꺼냈다.

"지난달에 네 취직 문제를 의논하려고 큰아버지에게 편지를 띄웠다.

그런데 생각보다 빨리 답장이 왔구나."

빈센트는 아버지가 건넨 편지를 읽어 내려갔다. 편지에서 센트는 빈센트를 기꺼이 자신의 사업에 끌어들이고 싶다며 매우 반가워하는 마음을 전하고 있었다.

「빈센트가 내 사업을 도와 준다면 더할 나위 없이 좋겠구나. 무엇보다 그 애는 그림을 좋아하고 언제나 내 이야기에 열심히 귀를 기울였지. 빈센트만 좋다면 구필 화랑 헤이그 지점에서 일할 수 있도록 해 놓겠다……」

편지를 다 읽은 빈센트는 가슴이 쿵쿵 뛰었다. 이제 방황을 끝내고 새로운 세상으로 나갈 길이 열린 것이다. 존경하는 센트 큰아버지의 사업을 도우며 그림과 가까워질 수 있다는 점은 빈센트의 마음을 더욱 끌어당겼다. 또 네덜란드의 수도 헤이그에서라면 좀더 멋진 생활을 할 수 있을 것이라는 생각도 들었다.

"헤이그로 가겠어요. 아버지."

빈센트는 곧 짐을 싸들고 나갈 것처럼 성급하게 대답했다. 그는 이번 일이 두 번 다시 찾아오지 않을 좋은 기회라고 생각했다.

'하루라도 빨리 일이 성사되었으면 좋겠다. 새로운 세계에서 꿈과 모험을 펼치고 싶어. 그리고 더 이상 부모님에게 의지하지 않고 스스로 내 생활을 해 나가는 거야.'

한 달 후, 드디어 센트로부터 모든 게 준비되었다는 연락이 왔다. 빈센트의 마음은 미래에 대한 기대와 집을 떠난다는 착잡함이 뒤엉켜 몹시 떨리고 있었다. 빈센트는 깨끗한 양복을 차려입고 빨간 머리를 단정하게 빗어 넘겼다. 그리고 집을 나섰다. 빈센트를 소년의 세계에서 청년의 세계로 데려다 줄 마차는 힘차게 기차역으로 향하기 시작했다.

2. 8년 동안의 화랑 생활과 사랑의 열병

빈센트는 탁자 밑에서 겉장이 가죽으로 된 판화 견본집을 꺼냈다. 화랑 근처의 식당에서 간단히 점심 식사를 하고 온 직후였다. 판화 그림들은 얇은 종이로 한 장 한 장 정성스럽게 싸여 있었다. 차례차례 그림을 넘기던 빈센트의 손은 어느 부분에 이르러 동작이 눈에 띄게 느려졌다. 밀레의 작품이 시작되는 곳이었다. 구필 화랑에 있는 그림들은 거의 다 훑어보았지만 그 중에서 빈센트를 가장 설레게 하는 것은 언제나 밀레의 그림이었다.

"이 친구 또 그림을 보고 있구먼. 점심 시간인데 좀 쉬지 않고."

구필 화랑의 젊은 지점장 테르스테흐가 다가와 말했다. 빈센트는 그림에 정신이 팔려 아무 소리도 듣지 못했다. 빈센트는 밀레의 〈들일〉에 눈을 박고 있었다. 이삭줍기, 양털 깎기, 나무 패기 등 가난한 시골 사람들이 일하는 모습 열 가지를 종이 한 장에 담은 흑백 판화였다.

"밀레에게 아주 흠뻑 빠져 있군."

빈센트는 테르스테흐가 자신의 어깨를 툭툭 칠 때서야 퍼뜩 고개를 들었다.

"아, 예. 전 우리 화랑에 있는 그림들 중에서 밀레의 그림이 최고라고 생각해요. 그저 붓을 놀리는 기술만 가지고 보기 좋게 그린 것들과는 비교도 안 되죠."

빈센트는 통통한 볼이 발갛게 상기된 채 말했다.

"그래, 밀레의 그림들은 참 아름답지."

테르스테흐가 고개를 끄덕이며 대꾸했다.

"아니, 그냥 아름답다는 말로는 부족해요. 그림 속에 아주 깊은 뜻이 숨어 있는 것 같지 않아요? 이삭을 줍고 실을 짜서 겨우 생계를 꾸려 가는 가난한 농민들의 모습이 어떤 종교화보다도 성스럽게 보이잖아요."

밀레의 그림에 대해 얘기를 하는 동안 빈센트의 눈빛은 반짝거리고 있었다.

테르스테흐는 슬며시 미소를 지었다. 갓 들어온 신참내기 직원이 화랑의 그림들에 관심을 갖고 지식을 쌓아 가는 게 기특하게 생각되었다. 앞으로 구필 화랑의 고객들에게 열의를 가지고 도움말을 해 줄 홀륭한 직원이 생긴 것이었다.

  헤이그로 온 열여섯 살의 시골 소년 빈센트는 첫 직장 생활에 놀라울 만큼 잘 적응해 나갔다. 처음에는 각 지점에 그림을 주문하거나 우편물을 처리하는 일이 주어졌다. 빈센트는 일을 하면서 많은 그림들을 접할 수 있다는 게 신이 났다. 특히 밀레와 같은 대화가의 그림을 마음껏 볼 수 있다는 것은 무엇보다 즐거운 일이었다.

  고향을 떠나 혼자서 누리게 된 자유도 빈센트를 들뜨게 했다. 어려서부터 자유로운 기질을 가지고 있던 빈센트는 부모로부터 독립하여 스스로 자신의 삶을 개척해 나가는 게 기뻤다.

  수습 기간이 끝나자 빈센트는 그림 파는 일을 훌륭히 소화해 냈다. 그는 깔끔하게 정장을 차려입고 고객을 맞았다. 구필 화랑을 드나드는 손님들은 대개 돈이 많은 상류 계층 사람들이었다. 그들은 대부분 그림을 장식용으로 걸어 놓고 싶어 했다.

  "우리 집 응접실에 괜찮은 그림을 한 점 걸어 놓고 싶은데……."

  "예, 손님. 여기 브르통의 그림은 어떻겠습니까. 성찬식 행렬이 보리밭을 가로질러 가고 있고, 농민들이 두 손을 모은 채 무릎을 꿇은 이 그림은 소박한 신앙심을 잘 나타내고 있지요."

  "그림이 어쩐지 초라해 보이는군. 난 좀더 품위 있는 그림을 원하네."

"그렇다면 제롬의 〈시저의 죽음〉이 알맞을 것 같군요. 이 그림이 아마도 손님이 찾고 있는 게 아닐까 싶습니다. 저희 단골 고객들 사이에서도 인기가 좋습니다."

"흠, 그게 좋겠구먼. 마음에 드네."

"응접실에 걸어 놓을 그림이라면 잘 고르신 것 같습니다."

무뚝뚝하기만 하던 빈센트도 화랑의 고객들에게만큼은 정중하고 친절했다. 첫 직장에서 인정받고 싶다는 생각에 조금 거슬리는 일도 잘 참아 넘겼다. 그는 얼마 안 있어 사진 복제 부서의 책임자가 되었다. 그때부터 판매 실적을 쑥쑥 올리며 숨은 능력을 발휘했다.

직장에서 이렇게 열심히 일하는 한편, 빈센트는 여가 시간도 잘 활용했다. 그는 틈틈이 미술관을 드나들며 유럽의 회화들을 봐 두었다. 그렇게 함으로써 그림을 잘 이해하고 판단하는 능력을 기를 수 있었다.

어느 날, 아주 반가운 손님이 화랑의 문을 열고 들어왔다. 호리호리한 체격에 사색에 잠긴 듯한 표정의 소년이었다.

"테오!"

빈센트는 그를 보자마자 뛰어가 품에 안았다. 어린 시절 그림자처럼 붙어 다니던 동생 테오가 헤이그에 온 것이다.

"형……"

테오는 정열에 넘치는 건장한 청년이 된 빈센트를 보고 말을 잇지

못했다. 4년 동안 구필 화랑에서 좋은 성과를 거두었다는 얘기는 듣고 있었지만, 듬직하고 자신감 넘치는 형을 보니 감격스러울 뿐이었다. 빈센트도 테오를 오래도록 껴안은 채 눈물을 글썽거렸다. 테오가 헤이그로 온다는 소식을 들은 이후, 이날을 손꼽아 기다려 왔던 것이다.

"형, 좋은 소식을 가지고 왔어. 나 내년에 학교를 졸업하면 형의 뒤를 이어 화상이 되기로 했지. 어때, 멋지지 않아?"

"그게 정말이냐?"

"그렇다니까. 센트 큰아버지와 얘기를 해 봤는데, 구필 화랑에서 두말없이 나를 받아들이기로 했다는 거야. 다 형 덕분이야. 형이 성공적으로 일을 해냈으니 동생도 믿어 보자는 거였겠지."

빈센트의 얼굴에 좀처럼 볼 수 없었던 환한 웃음이 번졌다.

"이런 참, 너랑 나랑 같은 일을 하게 될 줄 어떻게 알았겠냐. 여름방학 동안 이곳에 있으면서 화랑의 분위기를 익혀 두는 게 좋을 거야. 이형이 일하는 것만 봐도 큰 공부가 될걸?"

"알았어, 형. 열심히 배워 볼게."

"그래. 넌 꼼꼼하고 머리도 좋으니까 나보다 더 잘 해낼 수 있을 거야. 앞으로 무슨 일이 있더라도 서로 돕고 사는 거다."

형제는 두 손을 꼭 붙잡고 맹세했다.

테오가 집으로 돌아가자 빈센트는 곧바로 편지를 썼다. 동생의 행복을 비는 짧은 내용이었지만 아주 중요한 편지였다. 평생에 걸쳐 주고

받은 두 사람의 편지가 이 때부터 시작되었기 때문이다.

빈센트는 그때부터 18년 동안 테오에게 모두 668통의 편지를 보냈다. 편지 속에서 빈센트는 자신이 보고 듣고 행하고 생각한 모든 것을 자세히 기록했다. 화가가 된 이후에는 그림을 그릴 때마다 작품의 밑그림이 될 스케치를 그려 보내고, 그림에 대한 설명을 편지로 써 보냈다. 테오가 보관하고 있던 빈센트의 편지는 그의 예술 세계를 이해하는 데 귀한 자료가 되고 있다.

다음 해 1월, 학교를 졸업한 테오는 구필 화랑 브뤼셀 지점의 수습 사원으로 취직했다. 빈센트는 자신이 처음 집을 떠날 때 느꼈던 설렘과 두려움을 떠올렸다. 그리고 그와 똑같은 경험을 하고 있을 테오에게 용기를 주고 싶었다. 그러한 마음을 전할 좋은 방법은 역시 편지밖에 없었다.

「때로는 힘들고 어려운 일에 부딪칠지도 모른다. 하지만 그렇다고 해서 너무 실망할 것은 없다. 결국엔 모든 일이 잘될 테니까. 처음부터 자기가 원하는 대로만 할 수는 없는 일이란다.」

무뚝뚝한 빈센트의 겉모습 뒤에는 이렇듯 따뜻하고 인정 많은 모습이 숨겨져 있었다.

테오가 구필 화랑 브뤼셀 지점에 취직한 2개월 후, 빈센트는 런던 지점으로 발령을 받았다. 빈센트는 새로운 모험에 들떠 며칠 동안 잠을 설쳐야 했다.

빈센트의 나이 스무 살이었다.

퇴근하고 돌아온 빈센트는 하숙집 뒤뜰의 탁아소로 발걸음을 옮겼다. 그 어느 때보다 밝은 표정에 입가에는 의기양양한 미소까지 담겨 있었다. 하지만 탁아소 문 앞에 이르러서는 들어갈까 말까 몇 번이나 망설였다. 하숙집 딸 외제니만 보면 가슴이 두근거리고 말도 잘 나오지 않았다. 그러나 빈센트는 승진의 기쁨만큼은 외제니와 함께 나누고 싶었다. 런던 지사에 온 지 몇 달도 되지 않아 사진 복제부 책임자가 된 것이었다. 첫 직장에서의 경험과 유창한 영어 실력으로 그는 새 화랑에서 훌륭한 역할을 해내고 있었다.

빈센트는 겨우 용기를 내 탁아소 문을 열었다. 빈센트가 안으로 들어서자 청소를 하고 있던 하숙집 딸 외제니가 활짝 웃으며 빈센트를 반겼다.

"고흐 씨, 퇴근하고 곧바로 오셨군요. 그런데 집으로 들어가지 않고 어떻게 여길⋯⋯."

얼굴을 붉히는 외제니에게 빈센트는 흰 종이로 둘둘 만 물건을 내밀었다.

"그림입니다. 탁아소에 걸어 두세요."

빈센트는 외제니보다도 더 얼굴이 붉어졌다.

"아, 고마워라. 어머니가 틀림없이 좋아하실 거예요. 하지만 그림 값
이 비쌌을 텐데……."

외제니는 그림을 받아 들고 수줍게 말했다.

"이번 달에 승진해서 월급이 올랐습니다."

"어머, 승진을 하셨다니 정말 기뻐요. 어머니에게 말씀드려 축하 파
티라도 열어야겠군요. 고흐 씨가 승진하셨다는 걸 알면 얼마나 좋아하
실까."

진심 어린 눈빛으로 축하하는 외제니를 보자 빈센트는 가슴이 벅차
올랐다. 가족을 떠나 객지 생활을 하는 동안 자신을 한 가족처럼 대해
주는 사람들을 만난 것은 처음이었다. 우르술라의 하숙집은 언제나 따
스한 정이 느껴졌다.

집 주인 우르술라는 15년 전 남편을 잃은 후 외동딸 외제니와 함께
하숙을 치며 탁아소를 운영해 오고 있었다. 빈센트는 처음부터 우르술
라의 하숙집이 마음에 들었다. 푸근한 정으로 대해 주는 우르술라와
착하고 예쁜 외제니가 있었기 때문이다.

빈센트는 외제니를 처음 보았을 때부터 그녀를 마음에 두고 있었다.

우르술라의 집에 하숙을 하러 들어온 첫날, 빈센트는 집 주변을 둘
러보다 뒤뜰에 있는 탁아소를 발견했다. 탁아소의 창문은 활짝 열려
있었고, 작고 날씬한 아가씨가 아이들을 돌보는 모습이 그 안으로 들

여다보였다.

"아리에, 그림책을 다 보았으면 제자리에 넣어야지. 요한과 블록 쌓기를 하느라 잊어버리고 있었지? 소피, 이리 와. 콧물이 나왔어요. 소매에다 닦으면 안아 주지 않을 테야."

외제니의 목소리가 풀 향기처럼 창문을 넘어왔다. 생글생글 웃는 얼굴과 커다란 눈이 빈센트의 눈길을 붙들었다. 빈센트는 날렵하게 탁아소를 뛰어다니며 아이들을 돌보는 외제니가 천사처럼 보였다.

"내 딸 외제니예요. 날 도와서 탁아소 일을 하고 있지요."

간식 쟁반을 들고 온 우르술라가 빈센트에게 말했다. 그녀는 외제니를 불러 열린 창문으로 쟁반을 건넸다.

"내가 얘기했었지? 이분이 오늘부터 우리 집에서 생활하실 고흐 씨란다. 서로 얘기라도 나눌 겸 우리 두 모녀와 저녁 식사를 함께 하는 게 좋겠네요. 괜찮으시겠죠, 고흐 씨?"

어느새 얼굴이 빨개진 빈센트는 괜찮다고 대답했다. 상냥한 미소를 짓고 돌아서는 외제니의 야무진 자태가 또 한 번 빈센트의 마음을 사로잡았다.

외제니는 성실한 빈센트에게 좋은 마음을 가지고 세심하게 신경을 써 주었다. 그녀는 빈센트 몰래 방에 들어가 말끔히 청소를 하고, 때로는 화단에서 꺾은 예쁜 꽃들을 꽃병에 꽂아 주곤 했다. 물론 빈센트는 아주 사소한 것이라도 외제니의 손길을 느낄 수 있었다.

외제니를 보는 것만으로도 빈센트는 하숙집에 있는 시간이 행복했다. 빈센트에게 있어 외제니는 그 누구보다도 따뜻하고 친절한 사람이었다. 빈센트는 외제니를 알게 된 것을 축복이라고 생각했다. 무엇이든 한번 좋아하면 빠르게 불이 붙는 그는 마음속에 커다란 사랑을 싹틔우고 있었다.

하지만 빈센트는 어떻게 자기 마음을 나타내야 할지 알지 못했다. 평소 자신의 감정을 표현하는 데 익숙하지 않은 빈센트였다. 그림을 선물한 것도 빈센트로서는 대단한 용기를 낸 것이었다.

이런저런 궁리를 하던 끝에 빈센트는 또 한 번 용기를 내기로 마음먹었다.

'그래, 내 마음을 외제니에게 솔직히 고백하는 거야. 외제니도 나를 좋아하고 있으니 내 고백을 기쁘게 받아들일지 몰라.'

그렇게 결심을 하고 나니 빈센트는 하루도 참기 어려웠다. 며칠 동안 기회를 엿보던 빈센트는 어느 날 저녁 외제니와 산책을 하다가 말을 꺼냈다.

"외제니, 당신에게 할 얘기가 있는데……."

외제니는 뭔가 주저하고 있는 빈센트를 올려다보며 상냥하게 말했다.

"분명히 좋은 얘기겠죠?"

외제니가 긴 치마를 앞으로 모으고 벤치에 앉자마자, 빈센트는 외제니 앞에 무릎을 꿇었다.

"외제니, 당신도 아시겠지만 난 당신을 사랑합니다. 내 아내가 되어 주세요."

단숨에 말을 해 버린 빈센트는 덥석 외제니의 손을 잡았다. 잠시 입을 다물고 있던 외제니는 자신의 손등에 올려진 빈센트의 손을 거두고 말했다.

"고흐 씨, 미안하지만 저에겐 이미 약혼한 사람이 있는걸요."

벼락처럼 날아온 외제니의 말에 빈센트는 숨이 멎는 듯했다. 예전에 하숙을 했던 사람과 약혼했다는 말을 들을 때는 정신 나간 사람이 되어 있었다. 외제니에게 약혼자가 있었다니, 꿈에도 생각지 못한 일이었다.

"그런데 왜 그걸 이제야 말하는 거죠?"

빈센트는 울상이 되어 소리쳤다.

"어머니가 이미 얘기하신 줄 알았어요."

외제니는 안색이 하얗게 되어 어쩔 줄 몰라했다. 빈센트는 다시 외제니의 손을 잡고 애원하듯 말했다.

"다시 한 번 생각해 보세요. 나만큼 당신을 사랑하는 사람은 없을 겁니다. 당신도 날 좋아하고 있잖아요."

그러나 외제니는 빈센트의 손을 뿌리치고 벤치에서 일어났다. 그러고는 뒤도 돌아보지 않고 오솔길을 달려 내려갔다.

"외제니! 이리 와요, 외제니!"

빈센트는 풀밭에 털썩 주저앉은 채 돌아오지 않는 외제니를 외쳐 불렀다.

이 일로 빈센트는 마음에 깊은 상처를 입었다. 첫사랑을 잃은 슬픔과 절망 때문에 빈센트는 아무 일도 할 수 없었다.

"빈센트, 무슨 일이 있는 거야? 며칠 동안 계속 침울해 보이는데."

직장 동료들이 걱정하며 물었다. 그러나 빈센트는 고개만 가로저을 뿐 아무런

대답도 하지 않았다.

"그러지 말고 같이 식사나 하러 가세. 먹어야 힘이 나지."

"생각 없으니 먼저들 다녀오세요."

빈센트의 목소리는 꺼져 들어가는 듯했다. 가슴을 도려내는 듯한 고통은 빈센트를 순식간에 무기력한 사람으로 만들어 놓았다.

여름 휴가가 다가왔다.

빈센트는 사랑의 아픔에서 벗어나기 위해 고향 집을 찾았다. 기차와 배를 갈아타며 네덜란드로 가는 동안 빈센트는 마음이 조금 가라앉는 것 같았다. 그러나 고향에 돌아오자마자 심한 우울증에 시달렸다. 도루스 목사 부부는 수척하게 야윈 맏아들이 잘 먹지도 못하고 침울해하는 것을 보며 마음이 편치 않았다.

"얘야, 런던에서 좋지 않은 일이라도 있었니?"

안나가 조심스럽게 물었지만 빈센트는 넋이 나간 얼굴이 되어 아무 말도 하지 않았다.

"무슨 일이 있으면 말을 해야 할 것 아니냐. 설마 화랑에서도 그런 얼굴을 하고 있었던 건 아니겠지?"

그래도 빈센트는 입을 꾹 다물고 허공만 바라보았다.

휴가가 끝나고 빈센트는 여동생 안나와 함께 런던으로 돌아왔다. 어쩐지 안심이 되지 않아 도루스 목사가 동생을 딸려 보낸 것이다. 우르술라 모녀도 빈센트의 여동생을 보고는 어느 정도 마음을 놓을 수 있었다.

안나와 있는 동안 빈센트는 외제니에게 향한 마음을 잘 억누를 수 있었다. 그러나 외제니를 사랑하는 마음은 크게 달라지지 않았다.

어느 날 우르술라는 빈센트에게 솔직한 심정을 말했다.

"고흐 씨, 안된 일이지만 한집에 같이 있는 게 서로에게 도움이 되지 않을 것 같군요."

그 상태로 더 이상 버틸 수 없다는 건 빈센트도 잘 알고 있었다. 빈센트는 결국 하숙집을 옮겨야 했다.

안나가 학교에 일자리를 얻어 떠나자 빈센트의 생활은 더욱 비참해졌다. 빈센트는 화랑에도 하숙집에도 마음을 붙일 수 없었다. 근무가 끝나고 남아도는 시간은 더욱 빈센트를 괴롭혔다. 끊임없이 떠오르는 외제니 생각 때문에 할 일 없이 멍하니 보내는 시간이 더 힘들었다.

빈센트는 신문을 샅샅이 읽으며 저녁 시간을 보냈다. 특히 신문에 기사와 함께 실린 그림들을 열심히 보았다. 사회의 어두운 곳을 보여 주는 그 그림들은 빈센트의 마음을 강하게 잡아끌었다. 런던의 빈민들과 다리 밑 노숙자들, 굶주린 아이들, 거지와 범죄자들이 우글거리는 뒷골목을 그린 그림들은 빈센트의 가슴에 또 다른 고통을 가져다주었다.

'런던에 이런 빈민가가 있는 줄은 몰랐어. 내가 상대해 온 사람들은 대부분 귀족이나 잘사는 사람들이었으니까. 헐벗고 굶주린 사람들이

바로 내 주변에서 고통을 겪고 있는데, 배부른 사람들에게 한가하게 그림이나 팔고 있어야 하다니!'

한번 생각을 하게 되면 집요하게 그것에 몰두하는 빈센트였다. 신문을 통해 알게 된 버림받은 이들은 빈센트의 머릿속을 떠나지 않았다. 빈센트는 이제껏 자신이 해 온 일들이 쓸모없는 일이라는 생각이 들었다.

그때부터 빈센트는 열심히 성서를 읽기 시작했다. 불쌍한 이들을 구원할 길을 빈센트는 성서에서 찾으려고 했다. 그는 때와 장소를 가리지 않고 성서 연구에 몰두했다. 그러다 보니 화랑 일에는 소홀해질 수밖에 없었다.

하루는 보다 못한 직원들이 빈센트에게 충고를 했다.

"빈센트, 자네가 하는 일에 참견할 생각은 없네. 하지만 이렇게 바쁠 때조차 성서를 붙들고 있는 건 너무하지 않나."

"그래. 자네가 그러고 있으면 우리가 피해를 본다구."

그러나 빈센트는 버럭 성을 내며 말했다.

"난 지금 그저 그렇고 그런 그림을 파는 일보다 백 배는 중요한 일을 하고 있어."

직원들은 어처구니없어 하며 더 이상 말을 하지 않았다.

그런 빈센트를 지배인 오바흐는 묵묵히 지켜보고 있었다.

그러던 어느 날, 오바흐는 빈센트를 자신의 방으로 조용히 불렀다.

"빈센트, 자네를 파리 본사로 보내기로 했네. 자네 아버지와는 이미

의논했고, 파리 지점과도 얘기가 다 된 상태야."

"파리라뇨? 저에겐 한 마디 의논도 없이……."

빈센트는 어이가 없었다. 자신의 일을 언제나 다른 사람들이 결정하는 데 화가 치밀었다. 게다가 사랑하는 외제니의 곁을 떠나야 하는 것이다.

"다 자네를 위해서야. 그곳에 가면 기분도 새로워지고 일할 의욕도 다시 생길 거야."

"말도 안 됩니다. 갑작스럽게 저를 시끌시끌한 파리로 내몰다뇨."

빈센트는 얼굴에 시뻘겋게 열이 올라 소리를 질렀다.

"이미 결정된 일이네. 한 달간 여유를 줄 테니 떠날 준비를 하게."

"그럴 수 없습니다. 당장 취소해 주세요."

그러나 그의 요구는 받아들여지지 않았다. 빈센트는 남들이 마련해 놓은 길을 따라 파리로 향해야 했다.

화려한 도시 파리에서 빈센트는 아무런 매력도 느끼지 못했다. 몽마르트르에 방을 얻은 그는 시계추처럼 집과 회사만을 오갔다. 활기에 넘치는 거리와 멋진 카페들도 빈센트의 발길을 붙들지는 못했다. 방값이 싼 몽마르트르에는 젊은 화가들이 많이 살았지만 빈센트는 아무런 관심도 갖지 않았다.

그즈음 파리에서는 '인상파'라는 새로운 그림의 흐름이 나타나기 시작했다. 인상파는 화가들 사이에 중요한 화젯거리가 되어 있었다. 화랑에서도 인상파 그림에 대한 이야기가 심심찮게 오갔다.

"인상파 화가들의 그림은 아무리 봐도 파격적이야. 이전 그림들을 조롱하고 있는 것 같거든."

"그럴 수밖에 없지. 사물을 똑같이 묘사하고 정해진 색깔을 칠하던 것에 반기를 들고 나선 것과 같으니까."

"하지만 어디 그게 그림이라고 말할 수 있어? 도무지 눈만 어지럽히니 말야."

"그래도 대단한 건 사실이지. 빛이 비치는 각도에 따라 시시각각 달라지는 색채를 자기 개성대로 그리겠다는 생각을 했으니 말이지."

새로운 화가들의 그림은 이렇게 놀라움과 충격을 주면서 서서히 사람들의 눈길을 끌어당기고 있었다.

그러나 빈센트는 그런 얘기들에 무관심했다. 그는 직장 생활이 싫어져 성서 공부에만 열중했다. 때로는 미술에 관심을 가져 보려고도 했지만 마음먹은 대로 되지 않았다. 밀레가 죽었다는 소식은 엎친 데 덮친 격으로 빈센트를 더욱 침울하게 만들었다.

빈센트는 갈수록 말수가 적어지고 성서 읽는 일에만 매달렸다. 주변 사람들이 걱정하는 말을 해도 소용이 없었다. 지나친 신앙은 위험하다고 타이르는 아버지의 말도, 형이 예전처럼 화랑 일을 열심히 했으면 좋겠다고 하는 테오의 충고도 귀에 들어오지 않았다.

파리에서 지내는 동안 빈센트는 화랑 일에서 완전히 마음이 멀어졌다. 무엇보다 그림을 파는 게 지겨웠다. 형편없는 그림을 좋은 작품처럼 말하며 고객의 비위를 맞추는 일은 더 이상 할 수 없었다.

'거짓말을 해 가면서까지 그림을 파는 일은 옳지 않아. 그건 돈 버는 것만이 목적인 장사꾼들이나 할 짓이야.'

빈센트는 자신이 좋지 않다고 생각하는 작품을 찾는 고객들과 자주 말다툼을 벌였다. 특히 무조건 비싼 그림을 찾는 사람들과 잘 부딪쳤다.

어느 날 화려한 드레스를 차려입은 귀부인이 화랑에 들어와 이렇게 말했다.

"이 화랑에서 가장 내놓을 만한 그림이 어떤 거죠? 값은 얼마라도 상관없어요."

부인이 거드름을 피우며 하는 말에 빈센트는 비위가 상했다. 그는 부인의 말과는 상관없이 자기가 좋아하는 그림을 내놓으며 말했다.

"보턴이란 화가의 〈황야〉입니다. 섬세하고도 사실적으로 자연 풍경을 묘사한 그림이죠."

"아뇨, 내 취향에 맞지 않아요. 무난하면서도 좀더 품위 있는 것으로 보여 주세요. 바로 저런 그림 말예요."

부인이 가리킨 그림을 보고 빈센트는 인상을 찌푸렸다.

"그런 그림이라면 솔직히 권해 드리고 싶지 않은데요. 있지도 않은 사실을 상상으로 그린 건 별 가치가 없으니까요."

자존심이 상한 부인이 차갑게 눈을 내리깐 것도 아랑곳하지 않고 빈센트는 계속해서 열변을 토했다. 그러나 부인은 빈센트의 설명을 더 들을 생각이 없었다.

"다음에 다시 들르겠어요."

빈센트는 뾰로통해진 얼굴로 화랑을 나가는 부인을 붙잡지 않았다.

이런 일들이 계속되자 지배인 부소도 문제가 심각하다는 생각을 하게 되었다. 평소 빈센트를 다독거려 왔던 그는 빈센트의 행동을 하나하나 눈여겨보았다. 그리고 화랑이 가장 바쁠 때인 크리스마스에 빈센트가 아무 말도 없이 고향에 다녀오자 분명하게 말했다.

"자네가 구필에서 성실하게 일해 온 것을 생각해 그동안 별말 않고 지켜보았네. 하지만 이제는 안 되겠네. 3개월 여유를 줄 테니 다른 일자리를 찾아보도록 하게."

"알겠습니다. 저도 더 이상 화랑에서는 일하고 싶지 않습니다. 3개월도 필요없고 당장 그만두겠습니다."

이렇게 큰소리를 쳤지만 빈센트는 눈앞이 캄캄했다. 마침내 직장에서 쫓겨나게 된 것이다. 그림 파는 일에 신물이 났지만 지난 8년이 송두리째 날아가 버린 것 같아 정신이 멍할 따름이었다. 너무도 행복했던 4년, 그리고 말할 수 없이 불행했던 그 다음 4년은 그렇게 끝이 났다. 스물세 살의 빈센트는 불안한 운명 앞에 놓여 있었다.

3. 험난한 성직자의 길

하숙방에 틀어박힌 빈센트는 책을 읽으며 시간을 보냈다. 그는 특히 종교 서적에 매달렸다. 진정한 삶은 욕심 없이 가난하게 살아가는 데서 찾을 수 있다는 내용이 빈센트를 사로잡았다. 그러나 무언가 할 일을 찾아야 했다. 언제까지고 가만히 앉아서 놀고 먹을 수만은 없는 일이었다. 빈센트는 헐벗고 굶주린 사람들을 위해 봉사하며 살고 싶었다. 런던 뒷골목의 부랑자들과 어린아이들이 또다시 빈센트의 마음을 흔들고 있었다.

빈센트는 런던으로 건너가 선교 단체들을 찾아다녔다. 그러던 중 런던 빈민가에서 활동하는 존스 목사를 만나게 되었다. 빈센트와 오랜 시간 대화를 나눈 본 존스 목사는 빈센트의 신앙심에 감동해 당장 교회 일을 맡겼다. 그리고 빈센트가 열성을 다해 일하자 설교까지 할 수 있도록 허락했다.

"고흐 씨, 수요 예배에서 교회 신자들에게 설교를 해 주세요. 고흐 씨가 가지고 있는 생각을 편안하게 얘기하면 됩니다."

"예? 제가 설교를요?"

빈센트는 믿을 수 없었다. 목사도 아닌 자신이 설교를 하다니, 생각지도 못한 일이었다. 존스 목사는 웃으며 말했다.

"평소 고흐 씨가 생각해 오던 것을 얘기하면 됩니다. 아무 걱정 말고 나에게 했던 대로 신도들에게 좋은 말씀을 전해 주세요."

존스 목사의 말에 용기를 얻은 빈센트는 설교를 성공적으로 해낼 수 있었다.

"짙은 암흑에 싸여 있지만 우리는 결코 외로운 사람들이 아닙니다. 그것은 우리가 이 암흑을 뚫고 빛과 생명의 길로 나아가고 있기 때문입니다. 그런 믿음 속에서 우리는 기름진 진수성찬보다 소박한 양식을 얻을 수 있도록 기도해야 합니다. 그때 잃어버렸던 하느님은 다시 우리 마음속에 오실 것입니다."

진심에서 우러난 설교에 신자들은 조용한 감화를 받았다. 개중에는 빈센트의 손을 잡고 신앙 고백을 하는 이들도 있었다.

"저는 가난이 지긋지긋해 하느님을 많이 원망하기도 했지요. 왜 우리에겐 좋은 집과 배불리 먹을 음식을 주시지 않느냐고요. 하지만 이제야 알 것 같아요. 마음이 가난해야 행복해진다는 것을 말예요."

그러나 신자들보다 감동을 받은 것은 빈센트 자신이었다.

첫 번째 설교가 좋은 반응을 얻자 빈센트는 기분이 고조된 나머지 흥분을 가라앉히지 못했다. 그는 설교에 너무 신경을 써 불안정한 상태에 빠지고 말았다. 스스로 감정을 조절할 수 없게 된 것이다.

두 번째 설교 때 빈센트는 심상치 않은 조짐을 보이기 시작했다. 설교 도중 때로는 차분해졌다가 다시 열광적으로 변하기도 하면서 차츰 신경질적으로 변해 가는 것이었다. 사람들은 조마조마한 마음으로 빈센트를 지켜보았다. 여기저기서 수군거리는 소리가 들렸다.

"왜 저러지? 이상한 약이라도 먹은 것 같잖아."

"그러게. 지난번 설교는 아주 좋았는데 말야."

"저러다 쓰러지기라도 할까 봐 겁나는군."

큰일은 일어나지 않았지만 설교는 엉망으로 끝났다. 두 번째 설교 이후 빈센트는 한동안 불안 증세에 시달려야 했다.

아버지 도루스는 크리스마스를 보내기 위해 고향에 온 빈센트를 보고 걱정이 되었다. 그는 기분이 좋았다가도 갑자기 겁먹고 초조해하는 빈센트를 잘 타일렀다.

"그만 영국 생활을 정리하고 집에 와 있거라. 내가 보기에 영국에 있어 봐야 별 희망도 없고 너에게 이로울 것도 없는 것 같다. 신앙이 너무 지나치면 자신을 망가뜨릴 수도 있는 법이야."

빈센트는 아버지의 말에 반대할 수 없었다. 자신을 혼란에 빠뜨렸던 조울증(상쾌하고 흥분된 상태와 우울하고 불안한 상태가 번갈아 나타나는 증상)에 겁이 난 그는 부모 곁에서 안정을 찾고 싶었다.

새로 이사한 에텐의 목사관에 머물며 빈센트는 맑은 정신을 찾아갔다. 그는 하루 종일 자연 속을 걸어다니면서 마음의 안식을 얻었다. 그리고 날마다 성서만 읽었다.

어느 날 아버지 도루스는 빈센트를 앉혀 놓고 진지하게 물었다.

"앞으로 어떻게 할 생각이냐? 무슨 계획이 있다면 이 애비한테 한번 털어놔 봐라."

도루스는 새로운 일을 찾을 생각을 하지 않는 장남이 답답하기만 했다. 또 빈둥거리며 마을을 돌아다니는 모습이 사람들의 눈에 좋지 않게 보일까 걱정도 되었다.

빈센트는 주저없이 대답했다.

"솔직히 말하면 아버지처럼 목사가 되고 싶습니다."

"뭐? 갑자기 목사라니."

도루스는 깜짝 놀라 눈을 치켜떴다.

"제 마음엔 뜨거운 신앙심이 불타고 있습니다. 진심이에요. 목사가 된다면 많은 사람들에게 신앙의 불을 지펴 줄 수 있을 거예요."

　"목사는 신앙만 가지고 되는 게 아니다. 불 같은 신앙은 목사가 되는데 오히려 방해가 되기도 하지. 좀더 시간을 두고 생각해 보는 게 어떻겠니?"

　"아니에요. 제 생각엔 변함이 없습니다. 그러니 제가 그 길을 갈 수 있도록 아버지가 도와주세요. 반드시 진정한 종교인이 돼서 어두운 곳에 빛을 전해 주고 싶습니다."

빈센트는 아버지의 충고에도 아랑곳하지 않고 자신의 뜻을 고집했다. 언제나 그렇듯 그는 한번 마음먹은 일은 곧바로 밀고 나가야만 했다.

도루스는 더 이상 반대하지 않았다. 아들이 그토록 굳은 마음을 먹었다는데 목사인 아버지로서 그 길을 가로막을 수는 없는 일이었다.

그러나 목사가 되기 위해서는 국가 시험에 합격해야 했다. 그 준비 단계로 대학에 들어가 7년간 목사 수업을 받아야 하는데, 그러기에 빈센트는 나이가 너무 많았다. 또 수업료와 생활비도 적지 않게 들 것이었다.

여러 가지 방법을 찾아 고민하던 도루스는 암스테르담에 사는 빈센트의 둘째 큰아버지 얀에게 도움을 청했다. 해군 사령관인 얀은 빈센트가 자신의 넓은 저택에 머물면서 공부하도록 허락했다. 뿐만 아니라 빈센트가 학교에 가지 않고 우수한 가정교사에게 수업을 받을 수 있도록 해 주었다.

그러나 목사 수업은 쉽지 않았다. 어학 실력이 뛰어난 빈센트도 라틴 어와 그리스 어엔 흥미를 느낄 수 없었다. 희한하게 생긴 글자들만 보면 괜히 주눅이 들고, 어서 수업이 끝났으면 하는 생각만 들었다. 목사가 되는데 왜 라틴 어와 그리스 어를 잘해야 하는지 이해가 되지 않았다. 빈센트는 동갑내기 교사인 멘데스에게 따지곤 했다.

"목사가 되는 데 어째서 이런 어려운 말들이 필요한 거지?"

"성서를 제대로 공부하기 위해선 라틴 어와 그리스 어를 잘해야 해."

"굳은 신앙과 사랑보다 이 따위 케케묵은 말들이 더 중요하단 말인가?"

빈센트는 도무지 이해가 되지 않았다.

"글쎄, 신앙과 사랑도 제대로 알고 행해야 더 단단해진다니까."

멘데스는 빈센트를 살살 달래면서 수업을 이끌어 갔다. 빈센트도 잘 참아 내며 갖은 노력을 다해 보았다. 차가운 마룻바닥에서 잠을 자고, 공부하다 졸리면 회초리로 자기 등을 매질하면서 어려운 말들과 씨름했다. 그러나 효과는 없었다. 결국엔 빈센트와 멘데스 둘 다 포기하고 말았다. 그러고는 거꾸로 빈센트가 선생이 되어 멘데스에게 미술을 가르치는 우스꽝스러운 일까지 벌어졌다.

그렇게 하여 암스테르담에서 공부하는 것도 9개월 만에 끝이 났다.

도루스 목사는 휴가를 얻어 집에 돌아온 빈센트를 따끔하게 야단 쳤다.

"너는 의욕만 넘쳤지 무슨 일이든 끝까지 해내지를 못하는구나. 이젠 아무도 널 도와주지 않으려고 할 거다."

빈센트는 고개를 떨구고 아버지의 말을 들었다. 파리의 구필 화랑 본점에서 승진하고 착실히 자기 위치를 찾아가는 동생 테오를 생각하면 야단맞아도 억울할 게 없었다. 하지만 종교인이 되겠다는 생각만큼은 조금도 달라지지 않았다.

"목사 시험은 저에게 너무 벅찹니다. 그리스 어니 라틴 어니 하는 꼬부랑 글자들은 보기만 해도 머리가 아파요. 하지만 제 뜻에는 변함이 없습니다. 목사가 되지 못한다면 교리문답 교사나 선교사라도 되어야지요."

도루스 목사는 빈센트의 고집을 꺾을 수 없었다.

빈센트는 브뤼셀의 선교 단체를 통해 전도사 양성 학교에 들어갔다. 그는 그곳에서 3개월간의 시험 기간을 거친 뒤 벨기에 남부의 탄광 지대에서 전도 활동을 할 수 있게 되었다. 그러나 빈센트의 학교 생활은 기대 이하였다.

"빈센트, 요한복음 10장 27절에 나온 구절에 대해 현재의 삶과 연관 지어 얘기해 보게."

수업 시간에 신약 성서를 해설하고 있던 교사가 빈센트를 지목했다. 손톱을 물어뜯으며 다리를 떨고 있던 빈센트가 자리에서 우물쭈물 일어났다.

"에, 그러니까, 제 생각을 말로 하는 것보다 칠판에다 그림으로 그려 보이는 게 더 좋을 것 같습니다."

여기저기서 키득거리는 소리가 들렸다.

"뭐야? 질문에 대답은 하지 않고 웬 해괴한 소린가?"

"내 양들은 내 목소리를 알아듣는다고 한 것은 너무나 당연한 비유이기 때문에……."

"됐네. 그만 자리에 앉게."

교사는 몹시 못마땅해하며 잔소리를 했다.

"자네는 전혀 수업에 집중하지 못하고 있어. 그 자세가 뭔가. 불안해서 봐 줄 수가 없으니."

그래도 빈센트는 여전히 다리를 떨고 손톱을 물어뜯었다.

브뤼셀의 전도사 양성 학교에서 빈센트는 성적이 좋지 않았다. 정서적으로 안정돼 있지 못했던 그는 수업도 열심히 들을 수 없었다. 교사의 질문에 엉뚱한 대답을 하는가 하면, 이치에 닿지 않는 말을 해 놀림을 당하기도 했다. 가끔씩 하는 설교도 신통치 않았다. 3개월의 시험기간이 끝났을 때 학교에서는 빈센트가 전도사로서 적당하지 못하다는 결론을 내렸다.

"탄광 지대 사람들은 굉장히 힘든 일을 하기 때문에 성격이 거칩니다. 그런 이들의 마음을 움직이려면 부드럽고 막힘 없는 설교가 필요하지요. 그런 면에서 고흐 씨는 충분한 조건을 갖추었다고 여겨지지 않습니다."

빈센트는 그 말은 인정하면서도 미련을 버리지 못했다.

"하지만 전 포기할 수 없습니다. 무슨 일이 됐든 그곳에서 일을 하게 해 주십시오."

"그렇다면 한동안 탄광에 가서 조수로 일해 보시겠습니까? 월급이 나오지 않는 임시직입니다만."

빈센트는 오히려 반색을 하며 고마워했다.

"그런 자리야말로 제가 원하던 것이죠. 월급은 저한테 조금도 중요하지 않아요."

빈센트가 혹시 말썽을 일으키지 않을까 걱정했던 학교로서는 다행스런 일이 아닐 수 없었다. 보리나주에 임시직 전도사로 가는 일은 순조롭게 진행되었다.

보리나주는 수만 명의 인구가 광업에 종사하는 거대한 탄광 지대였다. 처음 빈센트의 눈에 들어온 탄광 지대는 한 폭의 그림처럼 보였다. 하얗게 눈이 내린 마을과 집을 둘러싼 나무 울타리, 일터로 갔다 돌아오는 광부들, 저녁이면 오두막집마다 새어나오는 작은 불빛들은 빈센트의 마음을 사로잡았다.

그러나 이런 생각은 그리 오래가지 않았다. 광부들과 그 가족들에게 기도와 설교를 하러 다니던 빈센트는 그들의 비참한 생활을 차츰 알게 되었다. 광부들은 탄광 주변에 다닥다닥 붙은 오두막집에 모여 살았다. 석탄 찌꺼기로 뒤덮인 집들은 더러웠고 집 안은 동굴처럼 어두웠다. 그들 대부분은 하루 세 끼니도 해결하기 어려운 가난한 사람들이었다. 입에 풀칠을 하기 위해 여자들과 아이들까지 탄광 일을 해야 했다. 석탄 먼지 때문에 폐병에 걸리거나 기침을 하는 사람, 사고를 당해 상처를 입고 고통스러워하는 사람도 많았다.

이런 사실들을 알게 된 빈센트는 참을 수가 없었다.

'이건 사람 사는 곳이 아니라 생지옥이야. 이런 곳에서 설교를 하겠다고? 기가 막히는군. 이들에게 필요한 건 말이 아니라 먹을 것과 병을 고칠 약이야.'

빈센트는 하숙집 주인에게 집을 옮기겠다고 했다.

"아니, 왜 그러세요? 식사가 맘에 들지 않았나요?"

"아닙니다. 너무 좋아서 문제죠. 오두막 가까운 허름한 빵집 뒷방으로 들어가려고요. 광부들은 헐벗고 있는데 제 육신만 편해서야 되겠습니까?"

하숙을 옮긴 뒤 빈센트는 집집마다 환자를 돌보러 다녔다. 빈센트의 집 주변에는 탄광에서 얻은 병으로 앓고 있는 사람들이 수두룩했다. 빈센트는 아픈 사람들을 간호하고 그들을 위해 기도를 하거나 성서를 읽어 주었다. 하숙집에서 나오는 음식을 챙겼다가 굶주린 아이들에게 나눠 주는 일도 허다했다. 빈센트는 자기가 가진 것을 모두 이웃에 나누어 주었다. 더 이상 줄 것이 없으면 능력 없는 자신을 탓하며 괴로워했다. 이런 일들이 반복되자 광부들은 빈센트에게 차츰 존경심을 갖게 되었다.

하숙집 부부는 지나칠 정도로 자신을 희생하는 빈센트가 여간 걱정

되는 게 아니었다. 그들은 빈센트에게 충고했다.

"꼭 그렇게까지 하면서 험한 길을 가야 합니까?"

"불쌍한 사람을 돕는 것도 좋지만 자기 생각도 해야죠. 건강했던 사람이 얼굴은 반쪽이 돼 가지고 거지꼴을 하고 다니니 웬일이에요."

빈센트는 그런 말에도 아랑곳하지 않았다.

"겉모습 따위는 천국에서 아무 문제도 되지 않아요."

어느 날 빈센트는 이웃집 광부의 작업복을 빌려 입고 탄광에 나타났다. 석탄 가루에 찌든 작업복은 몸에 꼭 끼어 우스꽝스럽게 보였다.

"웬일이오, 고흐 선생. 탄광에 돈이라도 벌러 오셨나?"

갱도로 향하던 십장(인부들을 감독하는 사람)이 빈센트에게 물었다.

"갱도엘 들어가 보려고요. 700미터 깊이의 지하 갱도에 들어갔다 나오면 나도 당신처럼 보일까 해서요."

이것은 그저 해 본 말이 아니었다. 빈센트는 광부들을 더 많이 알고 이해하고 싶었다. 그러기 위해서는 그들의 생활을 직접 체험해 봐야 한다고 생각했다.

"지하 700미터를 만만하게 생각해선 안 되지. 지옥으로 가는 길과 그리 다르지 않을 거요. 아무래도 생각을 고쳐먹는 게 좋을 것 같은데……."

"아니오, 들어가 보겠습니다. 안내만 잘해 주십시오."

지하 갱도로 들어가면서 빈센트는 공포에 떨었다. 암흑과 같은 갱도는 곧장 죽음으로 가는 길 같았고, 허술한 버팀목들이 곳곳에서 사고를 경고하고 있었다. 밑으로 내려갈수록 공기는 더욱 나빠져 빈센트는 계속해서 기침을 해 댔다.

"이 정도는 아무것도 아닌데. 작업장에 도착하면 각혈을 하겠구먼. 자, 발을 헛딛지 않게 조심하쇼."

십장은 빈센트의 팔을 잡고 점점 좁아지는 갱도를 내려갔다.

드디어 작업장에 도착했을 때 빈센트는 얼굴이 하얗게 질려 있었다. 지하 갱도의 현장은 그야말로 지옥 그 자체였다. 광부들은 허리를 제대로 펼 수 없는 낮고 비좁은 갱도에서 힘겹게 석탄을 운반하고 있었고, 열 살도 안 된 아이들까지 누더기를 걸치고 석탄 부스러기를 주워 담고 있었다. 불빛이 희미한 탄광 안은 독한 가스로 가득 차 숨쉬기조차 어려웠다.

"2프랑밖에 안 되는 일당을 이렇게 벌고 있소이다."

십장은 이렇게 말하며 탄차를 밀고 갔다. 빈센트는 이글거리는 눈빛으로 700미터의 지하 세계를 바라보았다.

'굶지 않기 위해 이런 생지옥에서 일을 하고 있다니. 부모 품에서 어리광을 부리고 있어야 할 아이들까지 석탄을 줍고 있질 않나. 게다가 허술하기 짝이 없는 버팀목이 갱도를 떠받치고 있으니 언제 사고가 날지 모른다. 이런데도 광산 주인들은 아무런 신경도 쓰지 않고 있지를 않은가. 나쁜 놈들……'

빈센트는 눈물을 흘리며 분노에 떨었다. 그러나 그러고만 있을 때가 아니었다. 지하 갱도로 내려왔으니 광부들과 똑같이 일을 해야 했다. 그는 곡괭이를 들고 광부들이 있는 곳으로 통로를 기어갔다.

지하 갱도에 들어갔다 온 이후, 빈센트는 자신이 최소한으로 먹고 입는 음식과 옷들마저 부끄럽다는 생각이 들었다. 그는 옷 한 벌과 담요 하나만을 남기고 자기가 가진 것을 모두 불쌍한 광부들에게 나누어 주었다. 식사량도 전보다 더 줄이고 굶는 사람들에게 빵과 음식을 가져다주었다. 그러다 보니 몸은 점점 야위고 더러워져 마치 보리나주의 가난한 광부 같은 몰골이 되었다. 빈센트는 하루 일을 끝내고 집에 돌아오면 광부들의 비참한 현실을 떠올리며 울부짖었다. 그리고 슬픔을 잊기 위해 그림을 그렸다. 탄광에서 돌아오는 광부들이나 오두막집을 그린 미숙한 그림들이었다.

봄이 되었을 무렵, 보리나주에는 큰 사건이 터졌다.

"사고예요, 사고! 새 탄층에서 가스가 폭발했어요. 굴에서 일하던 사람들이 모두 갇혔답니다."

탄광에서 일어난 가스 폭발 사고 소식은 순식간에 마을 전체에 전해졌다.

"갇힌 사람들이 몇 명이나 됩니까? 구출 작업은?"

기도 모임에서 돌아오던 빈센트는 마을을 뛰어다니며 외치는 청년을 붙잡고 물었다.

"50명쯤 되는 것 같습니다. 지금 구출 작업을 할 사람들을 모으고 있어요."

"나도 가서 돕겠소."

빈센트는 즉시 청년을 따라나섰다.

사고 현장은 사람들이 울부짖는 소리로 가득했다. 다리가 잘리거나 심하게 화상을 입은 사람들, 형체를 알아볼 수 없을 정도로 온몸이 까맣게 타 버린 사람들이 들것에 실려 나올 때마다 여기저기서 비명이 터져 나왔다.

"모포에 덮인 게 누구예요? 죽었어요, 살았어요? 오, 하느님. 내 아들 좀 찾아 주세요."

"여보! 다리가 모두 잘리다니, 이게 웬일이에요. 누가 이 사람 좀 살려 주세요."

"내 아이들 둘이 모두 갇혔어! 불쌍한 내 새끼들!"

빈센트는 절망의 외침 소리를 들으며 꼼짝도 못하고 서 있었다.

'아, 어떻게 이럴 수가 있단 말인가. 광부들의 안전은 생각지 않고 돈만 밝히는 광산 주인들이 죽일 놈들이지. 그들 때문에 아무 죄 없는 광부들이 희생되고 있잖은가.'

그러나 그런 생각만 하고 있을 때가 아니었다. 큰 부상을 입은 사람들이 바로 눈앞에서 고통스런 신음 소리를 내고 있었다. 빈센트는 들

것에 실려 나온 환자들을 찾아다니며 응급 처치를 시작했다.

"집에 있는 기름을 모두 가지고 오세요. 화상에 발라야 합니다. 붕대 없습니까?"

빈센트는 미친 듯이 뛰어다니며 자기 옷을 찢어 부러진 팔 다리를 동여맸고, 기름에 적셔 화상을 감쌌다. 거의 굶다시피 하면서 빈센트는 부상자 치료에만 정신을 쏟았다.

며칠 동안 밤낮을 가리지 않고 구출 작업이 계속됐지만, 빈센트는 사고 현장을 떠나지 않고 부상자들을 돌보았다. 그러나 응급 치료만으로는 모든 환자들을 구할 수 없었다. 빈센트의 혼신을 다한 치료에도 불구하고 중상을 입은 환자들은 심한 고통을 느끼며 죽어 갔다. 그들의 죽음을 바라보는 빈센트는 칼로 저미는 듯 가슴이 아팠다. 빈센트는 부상자 한 사람이 죽을 때마다 머리카락을 쥐어뜯으며 괴로워했다.

그즈음 브뤼셀 선교회에서 신참 전도사의 활동 상황을 조사하기 위해 사람들이 찾아왔다. 그들은 부랑자처럼 변한 빈센트를 보고 놀라움을 감추지 못했다. 빈센트가 하고 있는 꼴은 사회에서 모범이 되고 존경받는 전도사의 모습이 아니었다. 그들은 빈센트에게 눈살을 찌푸리며 말했다.

"전도사는 자기 옷을 찢어 붕대를 만드는 사람이 아니라 하느님 말씀을 전하는 사람입니다."

빈센트는 그들의 말에 동의할 수 없었다.

"이곳의 현실을 알기나 하면서 그런 말을 합니까? 보리나주의 광부들은 짐승만도 못한 생활을 하고 있어요. 돼지우리 같은 오두막에서 굶기를 밥 먹듯 한단 말입니다. 그들은 독가스가 가득 찬 탄광에서 형편없는 월급을 받으며 중노동을 하고 있어요. 그뿐인가요? 폭발 사고로 많은 사람들이 죽어 가는데도 치료조차 제대로 받지 못하고 있단 말입니다."

하지만 조사를 나온 사람들은 빈센트의 말을 귀담아듣지 않았다.

"고흐 씨가 우리 선교회에 적당한 사람인지 의논해 보고 연락 드리지요."

"당신들이 그럴 자격이나 있어?"

선교회 사람들은 분개하는 빈센트를 두고 돌아갔다.

얼마 뒤 빈센트는 선교단에서 제적됐다는 통지서를 받았다. 빈센트는 하늘이 무너져 내리는 것 같았다. 신을 위해 모든 것을 바쳤으나 끝내는 버림받고야 말았다는 생각에 슬픔을 억누를 길이 없었다.

마음이 진정되자 빈센트는 브뤼셀로 갔다. 자신을 보리나주로 보내 주었던 목사에게 찾아가 다시 일할 수 있도록 해 달라고 부탁하기 위해서였다. 빈센트는 목사를 만나 자기 심정을 얘기한 뒤 보따리 속에 넣어 간 그림들을 보여 주었다. 그동안 탄광 지대의 풍경과 광부들의 모습을 그린 스케치들이었다. 그림을 한 장 한 장 꼼꼼히 살펴보던 목사는 빈센트에게 물었다.

"자네 데생을 배워 본 적 있나?"

"아니오, 한 번도 없습니다. 아무도 저에게 그림을 가르쳐 줄 사람이 없어서 제 마음대로 그렸을 뿐이죠."

"그림은 아직 미숙하지만 감정이 잘 실려 있군."

목사에게 들은 뜻밖의 말에 빈센트는 눈을 번쩍 떴다. 목사는 계속해서 말했다.

"내 생각에 자네는 전도사보다는 화가가 되는 게 좋을 것 같네. 자네에겐 종교보다도 예술이 더 맞을 거야."

이 말은 빈센트의 인생을 바꿔 놓은 결정적인 말이었다. 탄광 지대로 돌아가기 전 빈센트는 있는 돈을 다 털어 좋은 종이로 된 스케치북을 하나 샀다. 화가로서 본격적으로 첫발을 내딛는 순간이었다.

스케치북을 들고 보리나주로 돌아온 얼마 후, 테오의 방문을 받았다. 테오는 형편없이 달라진 형의 모습을 보고는 마음이 아팠다. 테오는 속이 타서 형에게 말했다.

"형은 이전에 내가 알고 있던 형이 아닌 것 같아. 왜 이렇게 변했지? 형, 당장 보리나주를 떠나는 게 어때. 여기 계속 있어 봐야 시간만 낭비할 뿐이야."

"그래, 네 말이 옳을 수도 있어. 하지만 나는 내가 해 온 일들에 대해 한 번도 후회해 본 적이 없다. 내가 변했다면 가난한 사람들과 더 비슷해졌다는 것이겠지. 그런 모습이 나는 조금도 부끄럽지 않다."

테오는 빈센트의 말을 더 이상 반박하지 않았다. 형의 고집을 꺾을 수 없다는 걸 잘 알기 때문이었다.

어색한 기분으로 헤어진 두 사람은 그 후 10개월 동안이나 편지를 주고받지 않았다.

테오가 돌아간 후 빈센트는 그림을 그리는 일에 몰두했다. 그리고 탄광에서 일어난 시위에도 참여했다. 광부들이 빈센트를 찾아와 도움을 청했던 것이다.

"고흐 선생님, 저희를 대표해서 탄광 주인들을 설득해 주세요. 그들은 우리 말을 들을 생각도 하지 않고 있습니다."

빈센트는 시위 현장으로 달려가 탄광주들을 다그쳤다.

"이곳 광부들은 한 칸짜리 방에서 온 식구가 바글거리고 항상 배고플 만큼만 먹고 있어요. 당신들은 알고 싶지도 않겠지만. 그런데도 그들은 매일 탄광 일을 합니다. 왜? 그나마라도 하지 않으면 당장 굶어죽을 테니까. 당신들이 가져갈 배당을 조금 줄이고 그것을 광부들에게 나눠 준다면 문제는 해결돼요. 하루 일당을 1프랑만 올리고 작업 환경을 개선해 주시오. 그러면 광부들도 당신들을 귀찮게 하지 않을 겁니다."

그러나 빈센트의 말은 통하지 않았다. 탄광 주인들은 두 눈을 휘번득이면서 손짓 몸짓을 섞어 가며 얘기하는 빈센트를 미친 사람 취급했다.

"이봐요, 전도사 양반. 어린 양들에 대한 사랑이 넘쳐 도무지 분별력이 없으시구먼. 수천 명의 광부들에게 하루 1프랑씩을 더 준다면 우리는 파산이오. 우리가 망하면 그때는 정말로 광부들이 굶어죽겠지. 경제는 단순한 덧셈 뺄셈이 아니오. 이런 일에 나서지 말고 가서 하느님 말씀이나 전해요."

탄광주들의 말에 분노한 것은 빈센트뿐만이 아니었다. 광부들은 고함을 지르며 갱도에 불을 지르겠다고 날뛰었다. 빈센트는 폭동이 일어날까 봐 덜컥 겁이 났다. 그는 절대 폭력을 써서는 안 된다며 허둥지둥 그들을 데리고 갔다.

시위가 실패로 돌아가자 빈센트는 크게 실망했다. 광부들을 도와주고 싶었지만 자신 역시 힘없는 사람일 뿐이었다. 그들을 위해 아무것도 해 줄 수 없다는 게 빈센트는 참기 힘들었다. 그러나 어쩔 도리가 없었다. 빈센트는 광부들이 터덜터덜 다시 탄광으로 일하러 나가는 모습을 괴로운 심정으로 지켜보아야 했다.

빈센트는 또다시 그림 그리는 일에 열중했다. 광부들의 처지와 그들이 느끼는 고통을 그림 속에서 살려 내고 싶었다. 빈센트는 석탄 자루를 짊어진 광부들이나 일터에서 집으로 돌아가는 광부들의 모습을 그림으로 그렸다. 그러나 아직은 어설픈 그림들일 뿐이었다.

그림에 매달리는 만큼 성과가 없자 빈센트는 초조해지기 시작했다.

'혹시 내가 그림에 소질이 없는 건 아닐까. 아니야. 목사님이 거짓말을 하실 리 없어. 나에게 전도사보다 화가가 되는 게 좋겠다고 하셨잖아? 그래, 그림을 가르쳐 줄 사람이 없기 때문이야. 그림 교본 하나만 가지고 그림 공부를 하려니 발전이 없을 수밖에. 하지만 열심히 그리다 보면 실력이 늘 때가 분명히 있을 거야. 미친 듯이 한번 매달려 보자.'

빈센트는 스스로 다짐한 것을 테오에게 편지로 써 보냈다.

「다시 일어서겠다. 그림을 그릴 것이다. 내가 그릴 것은 보통 사람들, 세상에 알려지지 않은 사람들, 소박하게 일하는 사람들이 될 것이다.」

10개월 동안 끊겼던 편지는 이렇게 이어졌다. 테오도 마음을 풀고 50프랑을 보내 형을 돕고 싶다는 생각을 표했다.

「형이 정말로 하고 싶은 일을 찾은 것 같아 기뻐. 굳은 결심으로 그 일을 잘 해낼 수 있길 바랄게. 생활비는 내가 다달이 보내 줄게. 몇 년이 걸리더라도 말야. 대신 중간에 포기한다면 나도 그땐 형을 포기하고 말 거야.」

평생 동안 이어진 테오의 후원은 이때부터 시작되었다. 동생에게 편지를 쓰고 나서 빈센트는 보리나주를 떠나기로 결심했다. 자신과 비슷한 생각을 가진 화가들과 사귀며 본격적으로 그림을 그리고 싶었다. 조금 더 나아가 화가들이 함께 모여 살며 그림을 그리는 공동체를 꿈꾸기도 했다.

1880년 10월, 스물일곱 살의 청년 빈센트는 보리나주를 떠났다. 맨 발에 낡은 보따리를 짊어지고 길을 걸어갈 때, 철없는 꼬맹이들이 그를 따라오며 놀려 댔다.

"헤헤, 거지래요, 거지래요."

빈센트는 쓸쓸히 웃으며 다시는 돌아오지 않을 땅을 밟아 나갔다.

4. 신을 잃고 그림을 시작하다

에텐의 시골집에서는 오랜만에 가족들이 모여 이야기꽃을 피웠다. 부활절을 맞아 테오도 집에 와 있었다. 테오가 화랑에 들른 대통령을 위해 훌륭하게 안내를 했다는 얘기에 가족들은 모두 감격했다. 하지만 분위기가 완전히 행복할 수만은 없었다. 빈센트 때문이었다. 장남을 푸근하게 감싸 주는 어머니 안나와는 달리, 아버지 도루스는 집안의 골칫거리인 빈센트를 못마땅해했다. 도루스는 결혼할 나이가 되어서도 남의 도움을 받고 사는 맏아들을 생각하면 몹시 울적해졌다.

테오가 파리로 돌아간 뒤 도루스는 빈센트를 앉혀 놓고 물었다.

"빈센트, 네가 하는 일은 희망이 있긴 있는 거냐?"

"처음엔 힘들겠지만 그림을 잘 그리게 되면 잡지나 신문에 삽화 그리는 일을 할 수 있을 거예요."

도루스는 아들의 말을 어디까지 믿어야 할지 알 수 없었다.

"어디, 그동안 그려 놓은 그림이 있으면 한번 보자."

빈센트는 방에서 그림들을 가지고 내려와 탁자에 펼쳐 보였다. 예상대로 그림은 도루스를 실망시켰다. 그림 교본을 보고 베낀 그림들은 아이들 수준을 조금 넘어서는 어설픈 것일 뿐이었다.

"이런 그림으로는 좀 힘들지 않겠니? 좀더 열심히 하지 않으면 안 되겠구나. 빈센트, 무슨 일을 하든 끝까지 물고 늘어져야 성공하는 법이다. 테오를 봐라, 얼마나 잘 해 나가고 있니. 이제 그림을 그리겠다고 마음먹었으니 이리저리 휘둘리지 말고 끝까지 잘 해내도록 해라."

도루스는 더 이상 얘기하지 않았다. 신경이 예민해져 빈센트가 또 정신 불안 증세를 보이면 그것도 큰일이었다. 그렇지 않아도 그림을 그린답시고 별난 옷차림으로 동네를 돌아다니는 빈센트를 농부들이 어떻게 생각할까 걱정하는 중이었다.

빈센트는 테오가 떠나자 따분해졌다. 가족들은 자신에게 별 신경을 쓰지 않았고 그림에도 관심을 가져 주지 않았다. 빈센트는 집 안에 눌러앉아 밀레의 그림을 베끼는 일로 시간을 보냈고, 날씨가 좋은 날은 야외에 나가 들판의 풍경이나 일하는 농부들의 모습을 스케치했다. 인물이 밋밋하고 입체감이 없는 건 조금도 나아지지 않았다.

빈센트는 화가들과 사귀며 그림 공부를 하고 싶었다. 그래야 자신의 부족한 점을 알고 그것을 고쳐 나갈 수 있을 것 같았다. 며칠 동안 궁리한 끝에 헤이그에 있는 친척 모베를 생각해 냈다. 모베는 얼마 전 빈센트의 이종 사촌과 결혼한 화가로 빈센트도 몇 번 만나 본 적이 있는 사람이었다. 빈센트는 바로 그 다음날 헤이그로 향했다.

갑자기 찾아온 빈센트를 모베는 친절하게 맞아 주었다. 모베는 화가가 되기로 결심했다는 빈센트에게 악수를 청하며 크게 기뻐했다. 그리고 빈센트가 가져온 그림들을 하나하나 꼼꼼히 살펴보았다.

"음, 연습한 것치고는 그리 나쁘지 않군. 스케치가 서툴긴 하지만 그림에서 진실이 엿보여. 쉬지 않고 그린다면 좋은 작품이 나올 걸세."

"정말입니까?"

모베의 칭찬에 빈센트는 어린아이처럼 좋아했다.

"그런데 말야, 그림 교본을 보고 베끼는 짓은 이제 하지 말게나. 시간 낭비일 뿐이니까. 그리고 잉크나 펜으로 그리는 것보다 유화를 시작하는 게 좋을 거야. 물감으로 작업을 해야 진짜 그림이 나오지."

빈센트는 모베의 말에 깊은 고마움을 느꼈다. 그렇게 성의껏 얘기해 주리라고는 생각지 못했던 것이다. 성미가 급한 빈센트는 그 순간 헤이그로 와서 공부를 해야겠다고 마음먹었다.

"저 당장 짐을 꾸려 헤이그로 오겠습니다. 이곳에서 그림 공부를 하고 싶어요. 오늘 해 주신 것처럼 가끔씩 제 그림을 보아 주실 수 있겠죠? 전 저를 지도해 줄 선생님이 필요합니다."

빈센트가 무턱대고 매달리자 모베는 손사래를 쳤다.

"난 요즘 무척 바쁘다네. 다른 사람을 봐 줄 시간이 없어."

하지만 그냥 물러설 빈센트가 아니었다. 빈센트는 막무가내로 졸라 댔다.

"많은 걸 바라지 않습니다. 그저 가끔씩 들러 당신이 그림 그리는 걸 지켜보기만 해도 좋습니다. 그것도 공부가 될 테니까요. 그리고 쉬실 때만 제 그림을 지도해 주시면 됩니다. 절대 피해를 끼쳐 드리진 않을 게요."

모베는 이 불 같은 친구가 귀찮았지만 그림을 그리겠다는 열의에는 감탄할 수밖에 없었다. 결국 모베는 고집 센 빈센트에게 넘어가고 말 았다.

"허허, 내가 졌네. 같이 한번 해 보세. 하지만 너무 기대하지는 말게 나. 결과는 좋을 수도 나쁠 수도 있으니까."

"고맙습니다!"

빈센트는 뛸 듯이 기뻤다. 그토록 바라던 일이 해결되었으니 이제 열심히 그림만 그리면 될 것이었다.

모베에게 그림을 배우면서 빈센트는 빠르게 기초를 습득해 나갔다. 모베는 물감과 그림 도구까지 대 주면서 빈센트를 적극적으로 도와주었다. 빈센트는 가슴 깊이 고마움을 느끼고 모베의 가르침에 귀를 기울였다. 모베에게서 배우는 동안 빈센트의 그림 솜씨는 훌쩍훌쩍 향상돼 갔다. 빈센트는 그 기쁨을 테오에게도 알렸다.

「모베에게 손과 얼굴을 그리는 방법을 배웠다. 그는 자신이 직접 시범을

보이고 나서 나에게 그리도록 하고 있지. 모든 것을 아주 완벽하게 알고 있고, 그것을 잘 전달하는 사람이야. 가장 신나는 것은 내가 자신감 있게 색을 사용할 수 있게 되었다는 것이다. 모두 모베 덕택인 것 같다.」

빈센트는 착한 학생처럼 성실하게 그림 연습을 해 나갔다.
"갈수록 그림이 좋아지는데?"
모베에게 이런 칭찬을 들을 때마다 빈센트는 가슴이 벅차올랐다.
'이제야 비로소 그림다운 그림을 그리게 된 거야. 모베를 찾아온 건 황금보다 값진 일이었어. 그에게 보답하기 위해서라도 열심히 그리고 또 그려야지.'
빈센트는 밥 먹고 잘 때를 빼고는 모든 시간을 그림 그리는 데 바쳤다. 그림에 온통 정신을 빼앗기고 있는 시간이 빈센트는 행복했다.
그러나 그러한 생활은 겨우 몇 달밖에 가지 않았다.
어느 날 빈센트는 길에서 헤매는 한 여인을 알게 되었다. 시엔이라 불리는 이 여인은 남편에게 버림받은 이후 다섯 살 난 딸을 데리고 살며, 뱃속에 또 한 아이를 임신한 채 거리를 떠돌고 있었다. 시엔은 카페 손님들에게 술시중을 들고 동전 몇 닢을 받아 하루하루를 살아가고 있었다.
빈센트는 비참한 처지에 있는 시엔을 그냥 두고 볼 수가 없었다. 시엔을 도울 방법이 없을까 궁리하던 끝에 빈센트는 손뼉을 쳤다.

며칠 후 시엔을 만난 빈센트는 대뜸 이렇게 물었다.

"시엔, 그림 모델을 해 본 적 있소?"

"아니오."

"그럼 이제부터 한번 해 봐요. 내 모델이 되는 거요. 나도 가난한 사람이라 많은 돈은 줄 수 없고 하루에 1프랑을 주겠소. 그림이 팔리게 되면 물론 그보다 더 줄 수 있겠지."

시엔은 뜸들이지 않고 그 자리에서 승낙했다.

"좋아요. 가만히 앉아서 편하게 돈을 벌 수 있겠군요."

이튿날부터 빈센트는 시엔을 모델로 그림을 그렸다. 돈 때문에 모델을 쓸 엄두를 내지 못하던 차에, 그것은 더할 나위 없이 좋은 기회였다. 게다가 얼굴에 많은 표정을 담고 있는 시엔은 좋은 모델이 될 수 있었다.

테오에게 시시콜콜한 것까지 다 써 보내는 빈센트는 시엔에 대한 얘기도 꼬박꼬박 빼놓지 않고 적어 보냈다.

「시엔은 모델 일을 썩 잘 해내고 있다. 나도 좋은 모델을 둔 덕에 그림 실력이 늘고 있지. 생활이 좀 나아지면 시엔과 결혼할 생각이다. 그것만이 시엔을 도울 수 있는 길이기 때문이야. 그렇게 하지 않으면 시엔은 옛날처럼 거리를 방황하게 될 것이다.」

하지만 빈센트는 점점 더 어려워지고 있었다. 그는 자기 생활비를 쪼개 시엔을 돕기 시작했다. 처음엔 가끔씩 빵과 돈 몇 푼을 들고 시엔의 집에 들르는 정도였지만, 나중엔 시엔의 보호자 노릇을 해야 할 지경이 되었다.

혼자 살기도 빠듯한 빈센트는 돈을 꾸어야 했다. 테오가 보내 주는 돈은 밀린 그림 재료 값과 가게에 진 외상값을 갚으면 금세 동이 났다. 손을 벌릴 사람은 모베밖에 없었다. 인정 많은 모베는 처음엔 뭣 모르고 돈을 빌려 주었다. 그러나 시엔의 얘기를 들은 그는 갑자기 냉담해졌다.

"동생이 보내 주는 돈을 엉뚱한 데 쓰고 있다니, 자네를 이해할 수 없네. 난 물감을 살 돈이라면 꾸어 줄 수 있지만, 미친 짓을 할 돈은 한 푼도 내줄 수 없어."

돈을 빌리러 갔던 빈센트는 이렇게 거절을 당하자 버럭 화를 냈다.

"곤경에 처한 여자와 아이들을 돕는 게 미친 짓입니까? 싫으면 그만두세요. 당신처럼 냉혹한 사람의 도움은 받고 싶지 않으니까요."

그 이후로 빈센트와 모베의 관계는 급속히 나빠졌다. 그와 함께 빈센트의 생활도 점점 더 어려워졌다.

그런 가운데서도 빈센트는 그림 그리는 일을 게을리하지 않았다. 시엔을 모델로 하여 빈센트는 인물화를 그렸다. 그림은 눈에 띄게 좋아졌다. 특히 시엔이 무릎에 팔을 올리고 머리를 파묻은 그림은 훌륭했

다. 비쩍 마른 몸에 축 처진 가슴, 임신으로 불룩 튀어나온 배에는 불행한 여자의 슬픔이 잘 나타나 있었다. 빈센트는 그 그림에 '슬픔'이라는 제목을 붙였다.

빈센트는 그림을 들고 모베를 찾아갔다. 〈슬픔〉에 대한 평을 듣고 싶어서였다. 그러나 모베는 그림에 대해서는 한마디도 하지 않고 차갑게 쏘아붙였다.

"자넨 타락했어."

빈센트는 그 자리에서 문을 박차고 모베의 집을 나왔다. 화가 난 빈센트는 테오에게 이렇게 써 보냈다.

「병들고 배고프고 임신한 여자가 거리를 헤매고 있었다. 그런 불쌍한 여자를 보고 어떻게 모른 척할 수 있단 말이냐? 나는 그 여자를 도울 수밖에 없었다. 테오, 너도 나에게서 등을 돌리는 건 아니겠지?」

형의 성격을 잘 아는 테오는 답장으로 형을 달랬다. 그리고 시엔과 결혼하는 것은 찬성하지 않지만 돈은 계속해서 보내겠다고 덧붙였다.

시간은 흘러 시엔이 아이를 낳았다. 귀여운 사내아이였다. 갓난아이를 본 빈센트는 너무 사랑스러워 어쩔 줄을 몰랐다.

"아, 세상에 이렇게 천사 같은 아이가 있을까? 정말 감동적이야."

빈센트는 산모와 아이를 위해 조금 넓은 집으로 이사했다. 빈센트는 희망에 부풀어 있었다. 이제는 가정을 이루고 살아야겠다는 생각에, 머릿속이 이런저런 계획들로 가득 찼다.

빈센트의 꿈에 찬물을 끼얹은 것은 아버지 도루스였다. 도루스는 빈센트가 아이를 낳은 시엔과 살고 있다는 소식을 들었을 때 하늘이 무너지는 것 같았다.

"어떻게 그런 일이……. 집안 망신이야. 빈센트 녀석, 정신이상인 게 틀림없다구. 이봐요 안나, 어디 금방이라도 입원시킬 수 있는 정신병원이 있는지 알아봐야겠소."

이 소식은 또 빈센트의 귀에 들어갔고 빈센트는 불같이 화를 냈다.

"가엾은 여자를 도운 날보고 정신이상이라니, 아무리 아버지라지만 용서할 수 없어!"

그러나 진짜 문제는 시엔에게 있었다. 시엔은 게으른 여자였다. 평소에도 집안일을 대충대충 하더니 아이를 낳자 아예 일할 생각을 하지 않았다. 거기다 몸까지 더 약해져 신경질이 많아졌고 제멋대로 굴었다. 염치없이 찾아와 식량을 축내고 말썽을 피우는 시엔의 어머니와 동생들도 골칫거리였다.

빈센트는 복잡한 집을 피해 야외에 나가 그림을 그리는 시간이 많아졌다. 그는 독특한 방법으로 유화를 그리기 시작했다. 아무도 없이 혼자 그림을 그리다 보니 자기 나름대로 기술을 개발할 수밖에 없었던 것이다. 빈센트는 자신이 그리는 방법이 얼마나 새로운 가능성이 있는지 알지 못했다.

시엔의 가족들이 득시글대자 생활은 점점 더 쪼들렸다. 물감을 사지 못해 그림을 그리지 못하는 날도 많아졌다. 빈센트는 계속되는 굶주림과 빚 독촉에 시달리다 못해 테오에게 급히 와 달라는 편지를 띄웠다. 테오라면 지혜롭게 문제를 해결할 수 있을 것 같았기 때문이다.

헤이그로 찾아온 테오는 거지 소굴과 다름없는 형의 집을 보고 한숨을 쉬었다. 더 이상 형을 다독일 수만은 없다고 판단한 테오는 모질게 말했다.

"형, 시엔과 헤어져. 그렇지 않으면 나도 형을 도울 수가 없어."

테오가 돌아가고 나서 빈센트는 고민에 빠졌다. 테오의 말은 틀리지 않았다. 이렇게 계속 간다면 모두가 불행해질 게 뻔했다. 그러나 제 어미와 함께 길바닥을 헤맬 갓난아이를 생각하면 가슴이 미어지는 것 같았다.

이러지도 저러지도 못하고 몇 날 며칠을 보낸 빈센트는 그림을 생각했다.

'나에겐 그림보다 중요한 건 없어. 그림을 그리려면 혼자가 되어야 해.'

빈센트는 문제의 해답을 그림에서 찾았다. 그림을 그려야 한다는 생각에 빈센트는 굳은 결심을 했다.

1883년 9월, 서른 살의 빈센트는 2년간의 헤이그 생활을 정리하고 길을 떠났다. 시엔과 두 아이가 기차역에 나와 그를 배웅했다. 슬퍼하는 아이들과 시엔의 이마에 키스를 해 주고 빈센트는 기차에 올랐다. 기차는 눈부신 햇빛을 받으며 플랫폼을 빠져나갔다.

5. 감자 먹는 사람들

　2년 만에 집에 돌아온 빈센트를 보고 가족들은 기가 막힌 표정을 지었다. 너무 말라 구부정해진 몸에 더러운 누더기 옷을 걸친 빈센트는 완전히 거지꼴이었다. 이런 빈센트를 환영하는 사람은 아무도 없었다. 너그러운 어머니 안나마저 불안한 기색을 감추지 못했다. 괴상한 몰골을 한 빈센트는 그 작은 마을에서 비웃음거리가 될 게 뻔했기 때문이다. 또 비좁은 집에 유별난 성격의 빈센트가 끼어 살면서 어떤 문제를 일으킬지도 걱정이었다.

　그런 걱정은 얼마 안 있어 현실로 나타났다. 집 안을 어지르고 큰 소리로 얘기하며 누군가 간섭을 하면 대뜸 화를 내곤 하는 빈센트 때문에 가족들 모두 힘들어했다. 여동생들은 깔끔하지 못한 옷차림에 부모 속을 썩이며 철없이 구는 빈센트를 싫어했다.

빈센트를 누구보다 못마땅하게 생각한 것은 아버지 도루스였다. 빈센트가 누에넨에 온 뒤 두 사람은 사사건건 부딪쳤다.

"빈센트, 하고 다니는 꼴이 그게 뭐냐? 옷도 좀 단정하게 입고 헝클어진 머리도 빗어 넘길 수 없는 게냐? 교회에 오는 이 지역 유지(마을이나 지역에서 명망 있고 영향력을 가진 사람)들이 네 모습을 보고 수군대고 있어."

"외모가 무슨 상관이에요. 뒤에서는 남의 흉이나 보면서 좋은 일을 한답시고 헌금이나 많이 내는 그들이 위선자들이지요."

"뭐야? 그분들은 가난한 누에넨을 어떻게든 나아지도록 하기 위해 애쓰고 있는 분들이다. 이곳 빈민들을 구제하기 위해서는 그분들의 도움을 얻어야 한단 말이다."

"가난한 사람을 진정 위하는 길은 바로 그들처럼 사는 거예요. 그러니 내가 넝마를 걸치고 다니든 이리저리 뻗친 머리를 하고 다니든 상관하지 말라고 그러세요."

다른 사람 생각이라고는 하지 않는 장남에 대해 도루스는 체념할 수밖에 없었다. 한 가지 다행인 것은 빈센트가 그리는 그림이 전보다 훨씬 나아졌다는 것이었다. 그림을 향한 빈센트의 열의만큼은 인정하지 않을 수 없었다.

"빈센트, 이리 와 봐라."

교구 모임에서 돌아온 도루스는 빈센트를 목사관 뒤뜰로 데리고 갔다. 도루스는 뒤뜰의 한쪽 구석으로 가더니 허름한 창고 문을 열어젖혔다. 창고 안은 여러 가지 잡동사니로 지저분했다.

"아무래도 네 공간이 따로 있어야 할 것 같으니 이곳을 작업실로 만들어 써라. 여기서 열심히 그림을 그려, 자기가 하고 싶은 일을 한다는 게 무언지 사람들에게 보여 줘라."

도루스의 말에 빈센트는 단단하게 얼어붙었던 마음이 누그러졌다. 완고한 아버지였지만 자신을 미워하지만은 않는다는 걸 느꼈던 것이다. 그런데 빈센트가 가족과 화해하고 마을 사람들에게 믿음을 얻은 것은 뜻밖의 일 때문이었다.

1884년 새해에 여행을 떠났던 어머니 안나가 기차에서 내리다 발을 헛디뎌 크게 다치는 사고가 발생했다. 체격이 크고 뚱뚱한 안나는 넓적다리뼈가 부러져 집에 실려 왔다. 왕진을 온 의사는 겨우 뼈를 고정시키고 6개월은 지나야 회복될 거라고 했다.

의사가 돌아가고 나자 가족들은 환자를 어떻게 돌보아야 할지 몰라 쩔쩔맸다. 이때 소매를 걷어붙이고 앞으로 나선 것은 빈센트였다.

"환자를 간호하는 일이라면 나보다 나은 사람이 없지."

보리나주에서 부상자를 간호해 본 경험이 있는 빈센트는 능숙하게 어머니를 돌보았다. 어머니가 불편하지 않도록 침대에서 일으키고, 음식을 떠 입에 넣어 주고, 붕대를 새로 갈아 주는 일을 빈센트는 불평 한마디 없이 잘 해냈다. 빈센트는 그림 그리는 일도 제쳐두고 어머니 옆에서 간호를 했다.

"빈센트, 네가 그렇게 네 어머니를 생각하고 있는 줄은 몰랐구나."

마음이 한층 누그러진 도루스는 빈센트를 칭찬했다.

"자식이 아픈 부모를 돌보는 게 뭐가 대단하다구요."

빈센트도 오랜만에 아버지에게 인정받은 것 같아 기분이 좋아졌다.

빈센트의 정성 어린 보살핌 덕분에 안나는 의사도 놀랄 만큼 빠르게 회복되었다. 이로 인해 빈센트와 가족들의 사이도 많이 좋아졌다. 그림에만 미쳐 있던 청년이 밤낮을 가리지 않고 어머니를 돌보자 마을 사람들도 태도가 바뀌었다.

"하는 일 없이 쏘다니는 건달인 줄만 알았는데 다시 봐야겠네."

"그러게 말야. 효성 하나는 지극하군."

안나가 몸이 회복되자 빈센트는 마을 주변으로 그림을 그리러 다녔다. 밭에서 일하는 농부들, 가축에게 먹이를 주는 아낙네들, 조그만 오두막집들을 쉬지 않고 그렸다. 먹는 것이라곤 약간의 빵과 치즈밖에 없었다. 도루스 목사는 빈센트가 그림 그리는 일에 열성을 쏟는 것을 보고 만족스러워했다. 그리고 무엇보다도 제 어머니를 사랑으로 보살피는 모습에 감동을 받았다.

그러나 걱정거리는 언제나 있었다. 빈센트를 좋아하는 이웃집 여자 마르고트 때문이었다. 마흔한 살의 노처녀 마르고트는 빈센트의 곁을 그림자처럼 따라다니며 관심을 보였다.

"고흐 씨가 붓질하는 걸 보면 그림과 하나가 되려는 것 같다는 생각이 들어요. 아니, 그림 속에 고흐 씨가 뒤섞여 있지요."

마르고트는 빈센트가 그림 그리는 모습에 반해 있었다.

"그림과 하나가 된다니 그리 듣기 싫지는 않군."

"내가 옆에 있는 게 방해가 되나요?"

"천만에요."

빈센트는 자신의 그림에 호감을 표하는 마르고트가 그렇게 싫지만은 않았다. 또 그녀가 옆에 있다고 그림을 그리는 데 방해가 되는 것도 아니었다.

"내 그림을 보아 주는 건 결코 방해하는 일이 아니오. 오히려 봐 주는 사람이 없다는 게 문제지."

언제나 혼자서 그림을 그렸던 빈센트는 감상자가 한 명 생기자 더 열심히 작업을 했다.

그런데 정작 마르고트 때문에 가슴을 졸이는 것은 가족들이었다. 빈센트가 여자 때문에 또 한 번 큰일을 치를까 봐 그들은 잔뜩 긴장한 것이었다. 건강이 좋지 않은 도루스는 마르고트 일로 신경을 곤두세워 앓아눕는 날이 많았다.

"애야, 마르고트를 적당히 멀리하는 게 어떻겠니. 마을 사람들 눈도 있고 한데. 이런 시골에서는 남들의 입방아에 오르지 않는 게 좋단다."

안나는 조심스럽게 빈센트를 타이르곤 했다. 그러나 빈센트는 마르고트를 떼어낼 생각을 하지 않았다. 그는 오로지 그림 그리는 일에만 몰두했다.

그러던 어느 날, 마르고트 때문에 양쪽 집안이 시끄러워졌다.

빈센트와 마르고트가 산책을 하는 것이 종종 사람들의 눈에 띄면서 둘이 결혼할 것이라는 소문이 나돌았다. 그런 소문을 부추기는 것은 빈센트에게 푹 빠진 마르고트였다. 그녀는 빈센트와 결혼하겠다며 부모를 졸랐다. 더욱 기가 막힌 것은 빈센트보다 열 살이나 나이가 많은 딸에게 절대 결혼을 시킬 수 없다고 윽박지르는 마르고트의 부모였다.

"그런 부랑자 같은 녀석을 사위로 맞을 수 없다!"

"딴 생각 말고 집에서 일이나 도와라."

동생이 결혼하는 게 샘이 나는 마르고트의 늙은 언니들도 비꼬는 소리를 했다.

"그림도 팔리지 않는 화가에게 시집 가 무슨 고생을 하려고?"

그러나 마르고트는 가족들이 뭐라건 빈센트와 결혼하겠다고 고집부렸다.

빈센트의 가족은 하루 빨리 빈센트가 마르고트와 헤어졌으면 하고 바랐다. 빈센트가 여자 문제로 정신적인 고통을 당하는 걸 원치 않았고, 그처럼 경우 없는 집안과는 사돈을 맺고 싶지도 않았던 것이다. 이번만큼은 빈센트도 가족들의 바람을 받아들여 마르고트에게 결혼할 뜻이 없다고 말했다.

그런데 더 큰 문제가 발생했다. 모든 사람의 반대로 괴로워하던 마르고트가 약을 먹고 자살을 기도한 것이다. 이 일은 양쪽 집안을 발칵 뒤집어 놓았을 뿐만 아니라 마을 전체를 술렁이게 했다. 빈센트도 큰 충격을 받았다. 빈센트는 또다시 마을 사람들에게 멸시를 당하게 되었다.

도루스 목사도 다시 아들이 못마땅해지기 시작했다. 두 사람은 만나기만 하면 말다툼을 벌였다. 도루스는 빈센트가 읽는 책들을 가지고 시비를 걸었고, 빈센트는 종교는 언젠가 무너지게 돼 있다며 목사인 아버지에게 잔인하게 말했다.

봄이 되자 빈센트의 가족에게 비극적인 일이 생겼다. 교인을 방문하고 돌아온 도루스 목사가 현관 계단에서 갑자기 쓰러진 것이다. 어머니 안나가 도루스를 발견하고 일으켰을 때는 이미 숨을 거둔 뒤였다.

빈센트는 눈앞이 캄캄했다. 아버지의 건강이 점점 나빠지고 있다는 건 알았지만 이렇게 빨리 돌아가실 줄은 생각지 못했던 것이다. 빈센트는 복잡한 생각들로 머릿속이 터져 버릴 것 같았다.

'아, 아버지와 좀더 잘 지냈어야 했는데……. 하지만 그때는 어쩔 수 없었어. 아버지는 내가 하는 일들은 무조건 마음에 안 들어하셨으니까. 그래도 내가 참았더라면 아버지 건강이 그렇게 악화되지는 않았을 거야. 하지만 이제 와서 무엇을 어떻게 할 수 있단 말인가.'

도루스의 장례식에 모인 일가 친척은 빈센트에게 따가운 눈초리를 보냈다. 빈센트가 아버지와 사이가 좋지 않았고 자주 다투었던 것을 그들도 알고 있었던 것이다. 파리에서 테오가 도착할 때까지 빈센트는 괴로운 심정으로 그들의 눈총을 받아 냈다.

장례식이 끝나자 빈센트는 테오를 목사관 뒤뜰의 작업실로 데려갔다. 동생에게 그동안 그린 작품들을 보여 주고 싶었던 것이다. 작업실에 들어간 테오는 엄청나게 쌓인 그림들을 보고 입을 다물지 못했다.

"형, 대단하다. 이 많은 그림을 언제 다 그렸지?"

그러나 파리 화가들의 밝은 색채에 익숙한 테오는 빈센트의 어두운 그림들이 썩 마음에 들지는 않았다. 한 가지 다행인 것은 그림이 많이 좋아졌다는 사실이었다. 특히 등불 아래 한 가족이 감자를 먹고 있는 그림은 훌륭했다.

"형, 이 그림이 제일 마음에 들어. 소박한 그림이지만 왠지 성스럽고 깊은 의미가 담겨 있는 것 같아."

테오의 말에 들뜬 빈센트는 그림 설명에 열을 올렸다.

"그 작품은 지금 내가 아주 공들여 연습하고 있는 그림이지. 데 호로 트라는 농부의 가족이야. 스케치를 나갔다 돌아오는 길에 들판에 있는 오두막집을 눈여겨보곤 했는데, 어느 날 그 집을 무턱대고 들어가 보았지. 천장에 석유 램프가 매달려 있고, 가족들은 등불 아래서 찐 감자를 먹고 있었지. 검은 땅에 밭을 일구어 직접 감자를 길러 낸 그 손으로 말야. 어찌나 감동적이던지……. 지나가는 거지인 줄 알았는지 나에게 찐 감자 하나를 주더라고, 하하. 나는 그 자리에서 그 가족을 그리겠다고 마음먹었어. 그날 이후로 거의 매일 그 집에서 그림 연습을 해 왔지. 이렇게도 해 보고 저렇게도 해 보고 하면서 말야. 제목은 '감자 먹는 사람들'로 정했어. 그들이 얼마나 훌륭한 모델인지 아냐? 얼마 안 되는 커피나 밀가루만 주는데도 몇 시간이고 꼼짝도 않고 앉아 있다니까."

그림에 대해 얘기하는 동안 빈센트는 초록빛 눈동자를 반짝였다.

빈센트의 말을 열심히 듣고 있던 테오는 〈감자 먹는 사람들〉에 더욱 관심을 보였다.

"잘 완성해 봐, 형. 우리 화랑에 걸어 놓을 테니. 느낌이 참 좋은데?"

"그래. 마음에 드는 그림이 나올 때까지 백 장이라도 반복해 그려야지. 〈감자 먹는 사람들〉은 지금까지 내 그림 공부를 종합하는 대작이 될 거야."

테오가 돌아가고 나서 빈센트는 악마와 싸우듯이 그림 그리는 일에 열중했다. 잠도 제대로 자지 않고 시원찮게 먹던 식사마저 거르며 녹초가 될 때까지 그림을 그렸다. 그러나 마음먹은 대로 잘 되지는 않았다. 사람들이 앉은 위치를 바꾸고, 여러 가지 방법으로 포즈를 만들어

가면서 빈센트는 그리고 또 그렸다. 드디어 그림이 완성되었을 때는 작업실이 온통 〈감자 먹는 사람들〉로 가득 차 있었다. 빈센트는 완성된 그림을 보고 감격에 겨웠다.

〈감자 먹는 사람들〉에는 투박하고 불안한 모습의 농민들이 들어 있었다. 그들은 희미한 등불 아래서 저녁 식사 중이었다. 딸이 아버지에게 찐 감자를 내주고, 어머니는 커피를 따르고, 아들은 커피 잔을 입으로 가져가고 있었다. 사람들의 무표정한 얼굴과 거친 손, 비좁은 식탁과 연기에 그을린 벽, 낮은 지붕에 매달린 등불과 낡은 옷은 모두 흙 묻은 감자 색깔이었다. 특히 억세 보이는 손에서는 흙냄새가 물씬 풍기는 것 같았다. 빈센트가 그린 것은 다른 화가들이 그린 고상한 농민들이 아니라, 그저 하루의 양식을 구해 먹는 가난한 농민들일 뿐이었다.

빈센트는 그림을 바라보며 테오에게 편지를 썼다.

「〈감자 먹는 사람들〉은 내가 지금까지 그린 그림 중에서 가장 뛰어난 작품이다. 감히 말하지만 밀레보다도 농민을 가장 농민답게 그렸다고 생각해. 언젠가 이 그림으로 인정받을 날이 올 거야.」

그러나 〈감자 먹는 사람들〉의 가치는 금세 나타나지 않았다. 테오의 화랑에 걸린 그림은 결국 팔리지 않았던 것이다. 더구나 그 당시는 유명한 화가들의 그림도 잘 팔리지 않던 때였다.

엎친 데 덮친 격으로 또 한 가지 좋지 않은 일이 생겼다. 데 호르트의 딸이 임신을 했는데 빈센트가 누명을 쓰게 된 것이었다. 〈감자 먹는 사람들〉을 그리는 동안 빈센트는 그 집에서 살다시피 했으므로 의심을 피할 길이 없었다. 누에넨 사람들은 빈센트가 나타나기만 하면 나쁜 놈이라고 손가락질을 했다.

"화가라면 그림이나 그릴 일이지 어째서 처녀의 몸까지 손을 댄 거야?"

"언제는 이웃집 여자를 데리고 다니다 큰일을 저지르게 만들더니, 이젠 그림 모델을 서 준 어린 아가씨를 그 모양으로 만들어?"

나중에는 가톨릭 신부까지 나서 마을 사람들에게 주의를 주고 다녔다.

"앞으로 고흐 씨가 모델을 부탁해도 거절하십시오. 그가 사례로 돈을 준다면 대신 내가 그 돈을 주겠습니다."

빈센트는 이들의 말에 아무런 대응도 하지 않았다. 하루빨리 누에넨을 떠나야겠다는 생각뿐이었다. 어차피 도루스 목사가 죽은 후 그해가 가기 전에는 목사관을 내주어야 했으므로, 가족들도 이사를 생각하고 있던 참이었다. 빈센트는 며칠 동안 작업실을 정리하면서 누에넨을 떠날 준비를 했다.

1885년 11월 어느 날 아침, 빈센트는 어머니에게 자신의 그림들을 맡기고 이별을 고했다. 2년 동안 누에넨에서 그린 소묘와 수채화, 유화는 모두 합해 500점이 넘었다. 빈센트는 어머니를 품에 꼭 껴안은 후 집을 나섰다. 자신이 가장 아끼는 그림 몇 점을 싸들고 떠나는 빈센트의 어깨는 축 늘어져 있었다. 어머니 안나의 눈에는 눈물이 촉촉이 고였다. 이것이 빈센트와 그의 조국 네덜란드의 영원한 이별임은 아무도 알지 못했다.

6. 인상파의 흐름 속에서

벨기에의 항구 도시 안트웨르펜. 그곳 미술 학교에 나이 많은 괴짜 학생 하나가 나타났다. 검은 털모자에 다 떨어진 푸른 작업복을 입고 거침없이 붓을 휘둘러 대는 그는 그림광 빈센트 반 고흐였다. 학교에 입학한 날, 빈센트가 붓에 물감을 듬뿍 묻혀 엄청나게 빠른 속도로 그림을 그려 대자 모두들 눈이 휘둥그래졌다. 얼마나 요란스럽게 붓질을 했던지 그 주위는 여기저기 물감이 튀어 지저분했다. 마침 교실에 들어온 교장이 그 광경을 보고 기겁을 했다.

"도대체 자네는 뭘 하는 겐가? 꼭 미친 사람이 그림을 그리는 것 같구만. 당장 데생반으로 가서 기초부터 배우게."

첫날부터 망신을 당한 빈센트는 머리끝까지 화가 났다.

"저는 유화를 배우러 왔는데요. 그리고 물감이 튀는 것은 저도 어쩔 수가 없습니다."

"글쎄 자네는 기초가 안 돼 있다니까. 다른 학생들과 비교해 보게. 제멋대로 아닌가."

그러나 빈센트가 보기에 다른 학생들의 그림은 개성이라고는 눈곱만치도 없는 따분한 것들뿐이었다. 그런데 오히려 색다른 그림을 그리는 자신에게 야단을 치다니 어이가 없었다.

"남들과 똑같이 그리는 건 싫습니다. 하지만 교장 선생님 말씀을 따르긴 하겠습니다."

빈센트는 꾹 참고 데생반으로 옮겼다. 모델료를 내지 않고 그림을 그리려면 할 수 없는 일이었다. 그리고 정식으로 데생을 배워 보는 것도 나쁘지는 않을 것 같았다.

빈센트는 데생 공부를 마치면 집으로 돌아와 열심히 유화를 그렸다. 당시 그는 물감을 섞지 않고 원색을 그대로 사용해 강렬한 효과를 내는 연습을 하고 있었다. 성모 대성당 천장의 〈성모 승천〉을 보고 난 후부터였다. 〈성모 승천〉을 처음 보았을 때 빈센트는 온몸이 얼어붙는 듯했다. 성모 마리아가 입은 옷의 새파랗게 빛나는 색깔과 그 밑에 엎드린 사람들의 빨갛고 노란 의복에 눈이 멀어 버릴 것 같았다.

'아, 이토록 아름다울 수 있다니. 원색을 써서 이렇게 완벽한 그림을 그려 낼 수 있구나. 이에 비하면 내 그림은 얼마나 칙칙하고 어두운가. 나도 이젠 색깔을 과감하게 써 보아야지.'

그런 생각은 일본 판화를 알게 되면서 더욱 강해졌다. 일본 판화는 분명한 윤곽선으로 그림을 그리고 화려한 원색으로 색칠을 한 것이었다. 그것은 그 당시 파리나 런던의 미술계에서 선풍적인 인기를 끌고 있었고, 빈센트도 이를 한 번 보고는 단번에 반해 버렸다.

빈센트는 새로운 색들을 찾아 나가는 데 맛을 들이고 있었다. 그러나 학교 생활은 힘들었다. 학생들은 나이 많은 친구의 특이한 행동과 그림을 보고 놀려 댔으며, 교사들은 가르치는 대로 하지 않고 멋대로 그린다고 수업 시간마다 잔소리를 했다. 거기다 그림 도구를 사느라 식사를 제대로 못해 가끔씩 기절을 할 만큼 빈센트는 몸이 약해져 있었다. 너무 말라 뺨이 움푹 들어간 빈센트는 자기 나이보다 열 살은 더 늙어 보였다.

결국 빈센트는 두 달도 못 채우고 학교를 그만두었다. 지칠 대로 지친 그는 어두운 하숙방에 누워 앞으로 어떻게 해야 할지 곰곰이 생각했다. 분명한 사실은 누군가 자기 옆에 있어 주어야 한다는 것과 미술 수업을 받아야 한다는 것이었다. 해답은 곧 자연스럽게 나왔다.

'그래, 테오가 있는 파리로 가는 거야!'

빈센트는 마음속에서 다시 솟구치는 의욕으로 주먹을 불끈 쥐었다. 새로운 일을 앞두고 언제나 강한 의욕에 불붙는 빈센트였다.

어느 날 느닷없이 빈센트가 찾아오자 테오는 무척 당황했다. 파리로 오겠다는 빈센트의 편지를 받고는 좀더 생각할 시간을 갖자고 답장을 보냈기 때문이었다.

테오를 따라 독신자 아파트에 도착한 빈센트는 머리를 긁적거리며 말했다.

"집이 생각했던 것보다 훨씬 좁구나."

심성이 착한 테오는 형을 안심시키려고 일부러 밝은 표정을 지으며 말했다.

"그렇긴 하지만 걱정할 건 없어. 우선 여기서 지내다가 좀더 넓은 아파트로 옮기면 되니까. 그렇잖아도 6월엔 이사를 할 생각이었거든. 자, 이럴 게 아니라 화랑에 나가자. 내가 얼마나 근사한 작품으로 화랑을 꾸몄는지 보여 줄게. 형도 깜짝 놀랄걸?"

몽마르트르의 구필 화랑 직원들이 테오에게 공손하게 허리를 굽히는 것을 보고, 빈센트는 동생이 얼마나 높은 위치에 있는지를 실감했다. 테오는 아주 세련된 몸짓으로 고객들에게 인사를 하고 직원에게 무언가를 지시했다.

"형에게 보여 줄 그림들은 이층에 있어."

테오는 빈센트를 이층으로 데리고 올라갔다.

이층을 장식하고 있는 많은 그림들을 보고 빈센트는 현기증을 느꼈다. 그 그림들은 여태껏 보지도 못하고 상상하지도 못했던 것들이었

다. 파랑, 빨강, 노랑, 초록을 척척 이웃하게 칠해 놓고 붓자국이 선명하게 드러난 그림들은 살아 움직이는 것 같았다.

"태양 빛에 미친 사람들이 그려 놓은 그림 같군."

빈센트는 낯선 색채에서 받은 충격을 억누르며 그림에 표시된 사인들을 보았다. 드가, 모네, 마네, 르누아르⋯⋯. 빈센트가 인상파 화가들의 그림을 직접 본 것은 이 때가 처음이었다.

"내 그림과는 완전히 다르구나. 굉장해. 도대체 머릿속이 어떻게 된 녀석들이길래 저런 그림이 나올까."

빈센트는 새로운 그림에 압도 당해 정신을 차릴 수 없었다. 편지를 통해 테오가 여러 번 인상파에 대해 말한 적은 있었지만, 그것을 눈으로 확인하니 온몸에 힘이 쭉 빠져나가는 것 같았다.

테오는 빈센트의 어깨에 손을 올리고 말했다.

"형, 놀랍지? 하지만 기죽을 것 없어. 형이 그린 그림도 인상파와 비슷한 점이 많으니까. 형의 붓자국은 형이 아니면 아무도 흉내낼 수 없는 독특한 것이거든. 자신이 보고 느낀 감정을 살려 그리는 것도 훌륭한 장점이고. 다른 사람들과 똑같이 그리지 않고 자기만의 개성을 갖는다는 것은 예술가로서는 정말 소중한 재산이야. 단지 나는 형이 색깔을 좀더 밝게 쓰고 빛으로 가득 찬 그림을 그렸으면 해."

빈센트는 그림들을 하나하나 눈여겨보며 고개를 끄덕였다.

파리 생활이 익숙해지자 빈센트는 아파트 안에서 그림을 그리기 시작했다. 붓질은 예전보다 조심스러워졌다. 인상파 화가들의 그림에 압도되어 자신감이 떨어진 것이다. 그래도 빈센트는 물감을 많이 써서 해바라기 꽃이나 꽃병, 낡은 구두 등을 열심히 그렸다.

6월이 되어 테오와 빈센트는 번화한 거리에 있는 아파트로 이사를 했다. 파리 시내가 한눈에 내려다보이는 곳이었다. 테오는 빈센트를 위해 널찍한 방 하나를 미술품으로 장식한 멋진 화실로 만들었다. 빈센트는 동생의 정성이 깃든 화실에서 작업을 시작했다. 그리고 가게들이 다닥다닥 붙은 거리나 센 강 근처로 나가 그림을 그리기도 했다. 아직 갈색 분위기를 벗어나지 못하고 있었지만 빈센트는 꾸준히 그렸다.

그런데 파리 생활에 익숙해질 무렵 빈센트는 테오에게 잔소리를 듣는 날이 많아졌다.

"형, 물감을 다 썼으면 쓰레기통에 버려야지 바닥에다 버리면 어떡해? 그리고 길에서 이런 잡동사니들 좀 주워다 놓지 말라구."

지나치게 털털한 빈센트와 달리 테오는 깔끔한 성격이었다. 테오는 공들여 꾸민 집 안을 쓰레기통으로 만드는 형을 참을 때까지 참아 주다가 한 번씩 불만을 터뜨리곤 했다. 그러나 아무리 말해도 소용이 없었다. 빈센트는 테오가 툴툴거릴 때는 비위를 맞춰 가며 정리하는 척하다가, 며칠도 되지 않아 또다시 방을 어질러 놓곤 했다.

테오는 한 가지 방법을 생각해 냈다.

"형, 내일 나랑 코르몽 선생의 화실에 가 보자."

어느 날 화랑에서 돌아온 테오는 빈센트의 눈치를 살피며 말했다.

"코르몽 선생? 그 사람이 누군데?"

빈센트는 바닥에 널린 물감들을 슬금슬금 주워들며 물었다.

"미술 대학 교수로 있는 화가인데, 자신의 화실에서 유능한 제자들을 키워 내고 있지. 꽤 잘 그리는 화가들 중에는 그분의 제자들이 많아. 어때, 형도 코르몽의 화실에 나가 보지 않을래? 이렇게 혼자서 그림을 그리는 것보다 훨씬 도움이 될 거야. 게다가 그곳에 들르는 화가들과 사귀며 미술 공부를 할 좋은 기회가 될 수도 있잖아."

테오의 말은 거짓말이 아니었다. 하지만 빈센트에게 코르몽의 화실 얘기를 꺼낸 데는 또 다른 이유가 있었다. 만일 빈센트가 화실에 다니게 된다면, 나가 있는 시간이 많아 집 안을 덜 어지럽힐 것이기 때문이었다.

"그 화실에 화가들이 많이 온단 말이지? 그 점이 괜찮긴 하군."

빈센트는 마음이 움직였다. 화가 친구들을 사귀고 싶은 생각은 언제나 변함이 없었다. 거기다 훌륭한 제자들을 길러 낸 선생이라면 한번 배워 볼 만도 했다.

그러나 코르몽 화실에 들어간 빈센트는 친구가 없었다. 무뚝뚝하고 외모까지 음침한 빈센트에게 누구도 가까이 가지 않았다.

그런데 빈센트의 바로 그러한 점에 끌린 사람이 한 명 있었다. 프랑스 귀족의 아들로 난쟁이처럼 키가 작고 다리를 저는 로트렉이란 화가였다. 로트렉은 카바레나 술집을 드나들며 무희(춤추는 일을 직업으로 삼는 여자)와 그곳에서 일하는 여자들을 그리는 괴짜였다. 그 당시 로트렉이 그린 인물화들은 큰 인기를 끌고 있었다. 코르몽의 화실에서 빈센트를 눈여겨보던 로트렉은 어느 날 빈센트에게 말을 붙여 왔다.

"고흐 씨 맞죠? 그림의 강렬한 분위기가 마음에 드는군요. 그런데 뭐하러 이 따위 화실엔 다니는 겁니까?"

빈센트는 예의를 차리지 않고 멋대로 지껄이는 사람에게 눈을 돌렸다. 위에서 꽉 눌러 내린 듯한 머리에 키가 땅딸막하고 코가 유난히 큰 청년이 옆에서 싱글싱글 웃고 있었다.

"당연히 그림 공부를 하러 왔지. 그럼 당신은 왜 여기 있는 거요?"

빈센트도 평소처럼 퉁명스럽게 대꾸했다.

"글쎄요, 나와 같은 천재들을 물색하고 다닌다고 할까? 하하. 난 거리의 여자들이나 카바레의 여자들을 그리고 있지요."

"나도 그런 여자를 그린 적이 있었는데, 재미있군."

이렇게 시작한 대화는 끊이지 않고 이어졌다. 엉뚱하기로 말하면 누구에게도 지지 않는 두 사람은 서로 통하는 게 있었다. 그날로 몽마르트르의 최고 괴짜 로트렉과 빈센트는 친구가 되어 어울려 다녔다.

빈센트가 코르몽 화실에서 알게 된 또 한 사람은 베르나르라는 화가 지망생이었다. 베르나르는 모델의 뒤에 내려뜨린 천 색깔을 멋대로 칠해 코르몽에게 쫓겨난 반항아였다. 어느 날 친구를 만나러 코르몽의 화실에 들른 베르나르는 옛날에 자신이 했던 짓을 똑같이 되풀이하고 있는 빈센트를 발견했다. 빈센트는 갈색 천을 거침없이 푸른색으로 칠하고 있었다. 베르나르는 터져나오는 웃음을 참으며 빈센트에게 말을 붙였다.

"어째서 갈색 천을 푸른색으로 칠하고 있는 겁니까?"

빈센트는 난데없이 시비를 걸어오는 젊은 친구를 시큰둥하게 바라보았다.

"그거야 내 마음이지. 그런데 웬 참견이오?"

"하하, 옛날에 어떤 반항아가 바로 그렇게 그린 적이 있었거든요."

"본인이 그 반항아란 말이지?"

빈센트도 피식 웃음을 지었다.

그 이후 빈센트와 베르나르는 서로 호감을 갖고 얘기를 나누는 사이가 되었다.

빈센트가 파리에서 만난 사람들 중에 빼놓을 수 없는 사람으로 탕기 영감이 있었다. 탕기 영감은 몽마르트르에서 오랫동안 화방을 해 온 사람으로, 빈센트처럼 가난하고 이름 없는 화가들에겐 없어서는 안 될 인물이었다. 탕기는 작은 화방의 주인일 뿐이었지만, 유명한 화가들 그늘에 가려 빛을 보지 못하는 화가들을 모든 방법을 동원해 돕고 있었다.

빈센트는 탕기의 화방을 제 집 드나들 듯했다.

"탕기 영감님, 다 골랐습니다. 노란색 튜브 한 개와 파란색 튜브 둘, 그리고⋯⋯."

"찔끔찔끔 가져가지 말고 넉넉하게 사 가라구. 이틀도 못 갈 텐데."

탕기는 빈센트가 골라 온 물감을 보고 말했다.

"오늘도 외상을 져야 할 텐데요?"

"그림을 완성해서 가져오면 되잖은가. 주르르 걸어 놓지 뭐."

"팔리지도 않는 그림들을 너무 많이 사들이는 거 아닙니까? 저희들이야 영감님 덕분에 그림을 잘 그리고 있지만서도요."

빈센트는 물감 몇 개를 더 집어들며 얘기했다.

"그걸 팔게 될 때는 그림 값이 몇 배로 뛰어 있겠지, 허허."

"그러면 저희들이 손해를 보는 건가요? 그때는 물감을 거저 주실 테니 억울할 것도 없죠."

두 사람은 우스갯소리를 주고받았다. 다른 사람에게는 퉁명스러운 빈센트도 탕기 영감과는 농담을 곧잘 했다. 빈센트는 언제나 너털웃음으로 젊은 화가들을 반겨 주며 그림을 들고 가면 칭찬을 아끼지 않는 탕기 영감을 누구보다 좋아했다.

탕기는 돈이 없는 화가들에게 그림 도구를 언제든지 외상으로 주었다. 때로는 돈 대신 그들이 그린 작품을 받고 물감을 내주기도 했다.

그래서 탕기 영감의 화방엔 언제나 팔리지 않는 그림들이 수두룩했다. 화방은 벽을 가득 채운 그림들과 빈 공간마다 차곡차곡 쌓인 그림들로 화랑 역할까지 톡톡히 했다. 탕기는 특히 인상파 화가들을 적극적으로 도왔다. 그는 젊은 화가들의 우상이었다.

어느 날 탕기 영감의 화방에 들른 빈센트는 거기서 베르나르를 만나게 되었다.

"고흐 씨, 여기서 자주 뵙네요."

"오랜만에 밀린 외상값도 갚고 새로 들어온 그림이 있으면 구경도 하려고 왔지. 그런데 손에 들고 있는 건 뭔가?"

"그야 물론 제 그림이죠. 탕기 영감님께 보여 드리려구요."

베르나르는 싱글거리며 대답했다. 물감 서랍을 정리하던 탕기가 씩 한 번 웃고는 두 사람에게 다가왔다.

"빈센트가 외상값을 갚으러 왔다구? 듣던 중 반가운 소리구먼."

탕기는 빈센트에게 눈을 찡긋하고 베르나르의 그림을 받아들었다.

"잔뜩 들뜬 걸 보니 그림이 마음에 들게 그려졌나 보네그려. 어디……."

탕기는 큼직한 손으로 짧은 수염을 어루만지며 베르나르가 펼친 그림을 내려다보았다. 캔버스에 물감을 점점이 찍어 그린 그림은 꽤나 독특했다.

"전에 가져왔던 그림을 점묘법을 이용해 새로 그린 것이군. 아무튼 자네의 열성은 대단해. 빈센트, 자네도 잘 봐 두게. 요즘 큰 반응을 불러일으키고 있는 화법이니까. 남의 그림을 눈여겨보는 것도 큰 공부가 되지, 암."

탕기가 말하기 전부터 빈센트는 베르나르의 그림을 뚫어져라 들여다보고 있었다. 수없이 많은 점이 찍힌 듯한 화법은 빈센트가 아직 한 번도 보지 못했던 것이었다.

'점묘법이라고? 어떤 머리 좋은 녀석이 이런 생각을 해낸 걸까.'

빈센트는 무수한 점으로 이루어진 그림을 보며 생각했다.

점묘법은 쇠라라는 화가가 개발해 낸 기법으로, 선을 쓰지 않고 점을 무수히 찍어 형체와 색깔을 나타내는 방법이었다. 가까이서 보면 따로 떨어진 점들이지만 멀리서 보면 섞여 있는 색으로 보이는 것이다. 인상파 화가들이 대부분 그 순간의 인상을 잡아내 재빠르게 붓을 놀려 그린다면, 쇠라는 깨알 같은 점을 끈기 있게 이어서 아주 천천히 그림을 완성했다.

베르나르의 그림을 본 빈센트는 조바심이 났다.

'베르나르의 그림은 결코 놀라울 정도는 아니야. 하지만 누군가 신기하게 자기 그림을 들여다본다는 것은 중요한 일이지. 그런 면에서 본다면 지금까지 나는 별 성과를 보지 못했어. 내 그림에 관심을 보여 주는 것은 탕기 영감과 술꾼 로트렉뿐이야. 쳇, 어째서 사람들이 내 그림에는 감동을 하지 않는 거지?

빈센트는 외상값을 갚으러 온 것도 잊고 화방을 나와 버렸다.

그러나 빈센트는 인상파의 흐름에 휩쓸리지 않고 자기만의 색채를 찾아 나가고 있었다. 다만 스스로 그것을 깨닫지 못할 뿐이었다. 그가 뚜렷한 개성으로 자신의 그림 세계를 만들어 가는 데는 화가 시냐크의 영향도 있었다.

그즈음 빈센트는 시냐크라는 젊은 화가와 함께 풍경화를 그리러 다녔다. 시냐크는 쇠라에게 영향을 받았으면서도 그와는 또 다른 방법으로 점묘법을 연구하는 젊은 화가였다. 그는 빈센트가 따라다니며 함께 그림을 그리자고 하는 유일한 사람이기도 했다.

"시냐크, 내일 센 강 남쪽으로 그림을 그리러 가지 않겠나?"

"그렇잖아도 강으로 한번 나가 보려고 했습니다. 먼저 말씀해 주셔서 고마워요."

"고맙긴. 나도 잘난 척하는 치들과 가는 것보다는 자네랑 가는 게 편하네."

빈센트는 시냐크를 좋아했다. 자신이 물감투성이의 누더기 같은 작업복을 입고 다녀도, 길에서 큰 소리와 몸짓으로 말을 해도 상관하지 않았기 때문이다. 실제로 시냐크는 빈센트의 특이한 예술가적 기질에 거부감을 느끼지 않았다. 오히려 붓을 휘두르다 다른 사람에게 물감을 묻히고 사과도 하지 않는 빈센트를 웃음으로 바라보는 그였다. 그는 빈센트보다 나이는 어렸지만 어른처럼 빈센트의 특이한 행동을 받아

주었다. 빈센트는 괴팍한 자신을 넉넉한 마음으로 받아 주는 시냐크와 그림 그리러 다니는 것이 즐거웠다.

한편 빈센트는 로트렉을 따라 카페를 들락거렸다. 로트렉은 흔들림 없이 자신의 그림 세계를 만들어 나가는 빈센트를 높이 평가하고 있었다.

"자네 같은 사람이 아직 인정받지 못하고 있으니 우리 미술계도 한심하지."

로트렉은 카페 물랭루즈의 높은 의자에 앉아 바닥에 닿지 않는 다리를 달랑거리며 말했다.

"그렇게 얘기해 주는 사람이 로트렉이라는 알코올 중독자 한 사람이라는 게 문제지."

빈센트는 진한 압생트를 한 모금 마시고는 시큰둥하게 대꾸했다.

"두고 보라구. 알코올 중독자이자 난쟁이 화가 로트렉의 눈이 정확했다는 걸 훗날 얘기할 때가 올 테니."

"내가 취한 거야, 당신이 취한 거야? 너무 띄워 주니까 눈앞이 뱅뱅 도는구먼."

로트렉과 다니다 보니 빈센트도 술을 많이 마시게 되었다. 그들은 언제나 압생트라는 독한 술을 마셨다. 술에 취해 집에 들어오면 빈센트는 테오를 깨워 귀찮게 굴었다.

"테오, 어서 일어나 봐라. 아까 네 화랑에 가 봤더니 쓰레기 같은 그림들이 좋은 자리를 차지하고 있더구나. 어떻게 그럴 수 있냐?"

테오는 빈센트가 술을 마시고 번번이 잠을 깨우는 통에 피곤이 가실 날이 없었다.

"형, 나는 화랑의 책임자일 뿐이지 주인이 아니야. 윗사람들이 인상파 화가들을 좋아하지 않는데 전시하는 것만도 어디야? 그리고 너무 늦었으니 내일 얘기하자."

"나라면 그 따위 그림들은 들여놓지도 않았을 거다. 당장 쫓겨나는 한이 있더라도."

"몇 년 지나면 좋아질 거야. 그러니 형, 제발 자자."

그러나 빈센트는 계속해서 테오를 못살게 굴었다. 빈센트가 압생트를 점점 많이 마시면서 이런 일들은 자주 일어났다. 테오는 몹시 괴로웠다. 형이 밖에 나가 있으면 집을 엉망으로 만들지 않아서 좋았지만, 술을 마시고 들어와 말싸움을 거는 것은 참을 수 없는 일이었다.

그래도 테오는 형에게 모진 말을 할 수 없었다. 자신이 형을 버린다면 형은 아무 일도 못할 것이라는 걸 잘 알고 있었기 때문이다.

빈센트의 그림은 압생트에 취했을 때처럼 소용돌이치는 듯한 느낌을 나타내기 시작했다. 인상파와 점묘파 사이에서 빈센트는 자기만의 화풍을 찾아가고 있었다. 그의 그림은 점점 밝아졌고, 꿈틀꿈틀 살아 움직이는 느낌을 주었다.

또 탕기 영감의 초상화를 그리기도 했다. 밝고 산뜻한 색깔로 짧게 붓질을 한 〈탕기 영감의 초상〉은 그의 대표작 중의 하나로 손꼽힌다.

그림을 웬만큼 잘 그리게 되자 빈센트는 주변 화가들에게 전시회를 열자는 의견을 내놓았다.

"그림이 팔리지 않는다고 푹푹 한숨만 쉬지 말고, 우리가 나서서 전시회를 열어 봅시다. 못할 게 뭐 있습니까? 레스토랑을 하나 빌려서 사람들이 많이 들어오는 점심 시간에 전시를 하는 겁니다. 일하는 사람들이 식사를 하는 곳에서 전시회를 연다는 게 얼마나 멋진 일입니까? 안 그래요? 돈 없는 사람도 그림을 즐길 수 있다는 걸 보여 주는 겁니다. 게다가 이번 일은 우리 작품을 알리는 좋은 기회가 될 겁니다."

빈센트는 자기 이야기에 취해 콧구멍을 실룩거렸다.

화가들은 처음엔 크게 호응하지 않았다. 식당에서 전시회를 연다는 게 엉뚱하다는 생각이 들었기 때문이다. 하지만 빈센트가 일을 밀어붙이자 그 계획에 따랐다.

"빈센트다운 생각이야. 재미는 있겠군."

"탕기 영감님도 적극 후원을 해 주신다고 했다는데?"

"그렇다면 해 볼 만도 하네."

의견이 모아지자 빈센트는 일을 추진하기 시작했다. 그는 매일같이 몽마르트르를 휘젓고 다니며 전시회에 참여할 화가들을 물색했다. 하지만 실제로 그 일을 추진하고 있던 사람은 탕기 영감이었다.

탕기는 이름 없는 화가들의 전시회를 적극적으로 돕고 나섰다.

"그림은 우리 화방에도 수두룩하게 쌓였으니 장소를 찾는 게 더 급하지. 내가 일, 이층으로 공간이 넓고 그림 걸어 놓을 자리가 많은 레스토랑을 하나 봐 두었네. 클리시 거리에 있는 레스토랑이야. 주인과도 얘기가 잘될 것 같네. 빈센트, 자네는 화가들에게 각자 전시회에 내놓을 그림을 고르라고 전하게. 액자는 내가 만들어 줄 테니까."

자기 일보다 더 공을 들이는 탕기의 열성은 젊은 화가들에게 큰 힘이 되었다.

그런데 막상 전시회가 열렸을 때, 사람들은 레스토랑 벽에 붙은 화려한 그림들을 보고 어리둥절해 할 뿐 별 반응을 보이지 않았다. 물론 그림도 몇 점 팔리지 않았다. 은근히 기대를 하고 있던 빈센트는 크게 실망하고 말았다. 베르나르는 빈센트를 위로하려 이렇게 말했다.

"그래도 동료 화가들이 많이 전시회를 보러 와 줬으니 성과가 없었다고는 할 수 없죠. 쇠라와 시냐크, 고갱까지 왔잖아요."

빈센트는 베르나르의 말에 고개를 끄덕였다.

전시회를 통해 빈센트는 소득을 하나 얻었다. 고갱과 친하게 된 것이다. 고갱이 전시회에 나타났을 때 빈센트는 딱 벌어진 체격에 자신감과 활력이 넘쳐 보이는 그에게서 눈을 뗄 수 없었다. 검은 머리카락이 덮인 큼직한 머리와 약간 휜 듯 뻗어내린 콧대는 강한 인상을 주었다. 그는 빈센트보다 나이가 몇 살 많았지만 힘이 넘쳐 보였다.

고갱과 사귀면서 빈센트는 고갱이 들려 주는 여행담에 푹 빠져 들곤 했다.

"마르티니크 섬은 풍경화를 그리는 화가들에겐 낙원이라고 할 수 있는 곳이지. 아래로는 짙푸른 바다가 펼쳐져 있고, 양옆으로는 어서 그림을 그리라는 듯 솟아난 멋진 야자나무가 서 있지. 숲이 울창하고 온갖 꽃들이 만발한 정글은 또 어떻구. 내가 이질과 말라리아에도 불구하고 열두 점의 작품을 정신없이 그린 것도 절대 놀랄 일은 아니었지. 덕분에 파리엔 빈털터리가 돼서 돌아오긴 했지만 말야, 하하."

"당신을 처음 보았을 때 별스런 방랑자를 보는 것 같았는데 틀리진 않았군요."

"한창 젊었을 때 내가 항해사였다는 건 모르고 있었겠지? 오래 전 나는 프랑스 상선대에 들어가 3년 동안 전 세계를 유람한 적이 있다네. 이국의 풍경에 사로잡히게 된 건 바로 그때였지. 그 뒤 해군에 입대해 삼등 항해사로 지중해 전역을 누비고 다니기도 했어. 그래서 그런지 그림을 그리기 시작하면서도 미지의 세계를 여행하며 그곳 풍경을 그리는 게 나에게 맞더라니까."

빈센트는 신기한 듯 고갱을 바라보았다. 그는 파리의 우물 안 개구리들만 보아 오다 기인을 알게 된 것 같아 가슴이 설레기까지 했다.

고갱이 열대의 낙원 마르티니크 섬에서 그곳 원주민처럼 지내면서 그림을 그렸다는 얘기는 빈센트에게 꿈처럼 들렸다.

'나도 그런 곳에서 그림을 그리고 살면 좋을 텐데. 아프리카는 어떨까. 그래, 자연이 그대로 남아 있는 땅에서 원주민들과 생활하며 그림에 대한 열정을 불태우는 거야.'

그러나 이런 생각은 이루기 힘든 공상일 뿐이었다.

빈센트는 고갱의 그림에도 감명을 받았다. 열대의 풍경을 나타낸 강렬한 색채와 힘찬 붓자국은 너무도 자유로워 보였다.

고갱도 빈센트의 그림에 큰 호기심을 보였다.

"자네 그림은 마치 살아 움직이는 것 같단 말이야. 그림 속에 있는 것들이 캔버스를 뚫고 바깥으로 튀어나올 것처럼 보여. 그림을 오래 들여다보고 있으면 미쳐 버릴 지경이라니까."

그 후로 빈센트는 고갱을 더욱 좋아하게 되었다. 고갱도 자기 얘기를 열심히 들어 주는 빈센트가 싫지 않았다. 몽마르트르 거리의 카페에서 두 사람이 대화를 나누는 모습은 자주 사람들의 눈에 띄곤 했다.

그런데 빈센트는 압생트를 너무 많이 마시고 건강을 돌보지 않아 몸이 많이 약해졌다. 겨울이 되면서부터는 신경이 날카로워져 사람들과 티격태격 말다툼을 벌이는 일이 잦았다. 테오는 빈센트를 의사에게 데리고 가 진찰을 받게 했다. 술을 마시지 말고 집에서 쉬라는 의사의 지시에 따라 빈센트는 아파트에서 조용히 시간을 보냈다.

빈센트는 집에서 쉬는 틈틈이 자화상을 그렸다. 자화상은 파리에 왔을 때부터 자주 그려 오던 것이었다. 빈센트는 자화상을 그릴 때마다 자신의 처지와 마음속에서 일어나는 감정을 잘 담아냈다. 파리에서 2년을 보내고 그리는 자화상은 바싹 여위고 도시 생활에 지칠 대로 지쳐 무표정해진 모습이었다.

몸이 좀 나아지자 빈센트는 다시 친구들을 만나러 다녔다. 그러나 예전처럼 즐겁지가 않았다. 그들은 카페에 모여 자기들과 마음이 맞지 않는 화가들을 헐뜯었다. 그림에 대한 생각이 다르면 싸우고 등을 돌리기도 했다. 모두들 자기가 가장 잘났다고 목소리를 높였다. 빈센트는 파리가 조금씩 지겨워지기 시작했다.

고갱이 파리를 떠나자 빈센트는 더욱 마음이 흔들렸다. 오래도록 의지하고 싶었던 사람이 옆에 없으니 견디기가 힘들었다. 빈센트는 드디어 마음을 정하고 테오에게 말했다.

"테오야, 아무래도 파리를 떠나야겠다. 화려하고 번잡한 도시는 나 같은 놈에겐 어울리지 않아. 쥐뿔도 없으면서 저만 잘났다고 꽥꽥거리는 녀석들도 보기 싫고. 나는 시골 태생이라 그런지 소박한 시골이 도시보다 훨씬 편안해. 땅을 일구고 농사를 지으며 살아가는 사람들을 보며 살고 싶다."

성격이 맞지 않아 힘들었지만 막상 형이 떠난다고 하자 테오는 섭섭했다. 형이 혼자 떨어져 고생할 것을 생각하니 걱정도 되었다. 하지만 반대할 수 없었다. 무엇보다 형이 건강해지기 위해서는 한적한 시골에 있는 것이 도움이 될 것 같았다.

"그래, 형. 내가 생활비는 꼬박꼬박 보내 줄 테니 형은 그림만 열심히 그려."

테오와 얘기를 끝낸 후 빈센트는 친구들에게도 파리를 곧 떠날 거라고 알렸다. 로트렉은 빈센트가 갈 만한 곳이라며 프랑스 남부 프로방스 지방에 있는 아를을 강력히 추천했다.

"그곳은 햇빛이 많고 아주 조용한 곳이지. 분명히 자네가 좋아하는 일본 그림의 색채를 발견할 수 있을 거야. 아마 아를에 가면 천국에 왔다는 생각이 들걸? 내가 장담하지."

빈센트는 눈을 반짝이며 그 얘기를 들었다.

'아, 그래. 남쪽 지방은 멋질 거야. 눈부신 태양, 아름다운 자연의 색채, 일하는 농부들……. 게다가 생활비는 파리의 절반도 안 들 테지. 그래, 그곳에 가서 그림을 그리자. 그리고 다른 친구들을 부르는 거야.'

빈센트는 조금도 지체하지 않고 아를을 향해 파리를 떠났다. 그는 또다시 희망에 부풀어 있었다.

인상파

18세기 말에서 19세기 초는 미국 혁명과 프랑스 혁명, 산업 혁명 등 인류 역사상 중요한 사건들이 잇달아 일어난 시기였다. 이런 혁명을 거치면서 전통적인 귀족 사회는 무너지고, 새로운 사회구조가 형성되었다.

이것은 예술에서도 커다란 변화를 불러왔다. '부르주아' 라는 시민 계급이 등장했으며, 문화 생활을 즐길 수 있는 중산층의 숫자도 늘어났다. 이들은 곧 그림을 사들이고 화가들을 후원하는 사람이 될 수 있었다. 왕족과 귀족들만 누릴 수 있었던 예술이 대중이 즐길 수 있는 것으로 확대된 것이다.

그들이 보는 세상은 그전 시대에 비해 엄청나게 밝은 것이었다. 따라서 어둠침침한 당시의 그림들은 진실이 아닌 것처럼 보였고, 많은 사람들은 하루 빨리 미술이 밝아지길 기다리고 있었다. 예술은 시대의 거울이란 말이 있듯이, 사회가 밝아짐에 따라 예술 또한 밝아질 수밖에 없었다.

이런 흐름에 맞춰 젊은 화가들도 그동안 지켜 왔던 그림의 법칙들을 훌쩍 뛰어넘는 새로운 그림을 시도하기 시작했다. 그들은 '사물에는 각각 고유한 색깔이 있다' 는 틀에 박힌 생각을 깨뜨리고, 빛이 반사되는 각도에 따라 순간순간 다른 색깔로 보인다는 사실을 일깨우려

했다. 똑같은 사과라도 빛이 비추는 각도나 보는 방향에 따라 빨간색으로도 보일 수도 있고 갈색으로 보일 수도 있다고 믿었던 것이다. 따라서 순간적으로 본 풍경이나 사물을 그때 그 순간의 인상대로 표현하려고 했다.

또 그들은 어둡고 칙칙한 색에서 벗어나 밝고 화사한 색깔로 사람들의 눈길을 잡아끌었으며, 서민들의 생활과 도시 풍경들을 담아내 대중과 가까운 그림을 그렸다. 그들은 강렬한 색채와 대담하게 붓을 놀리는 기법 등 그들만의 독특한 화풍을 만들어 냈다. 이런 변화를 추진한 화가들은 '인상파' 로 불리기 시작했는데, 인상파 화가들은 이렇듯 다양한 방법으로 그림에 혁명을 일으키고 있었다.

'인상파' 라는 이름은 그 당시 프랑스의 한 기자가 붙인 것이다. 전람회에 출품된 모네의 〈인상-해돋이〉와 다른 화가들의 작품들을 보고 '인상파 전람회' 라는 제목으로 기사를 쓴 것에서 비롯된 것이다. 그 기자는 젊은 화가들의 작품을 비아냥거리는 뜻에서 그런 이름을 붙였지만, 인상파는 점차 많은 화가들에게 영향을 끼치면서 각광을 받게 되었다.

고흐가 파리에 왔을 때는 인상주의가 미술계에 일대 혁명을 일으키며 빛을 발하기 시작할 때였다. 마네, 모네에 이어 드가, 르누아르, 피

사로 같은 화가들이 활발한 활동을 하고 있었고, 세잔이나 고갱 등도 독특한 화풍을 만들어 가고 있었다. 고흐는 초기엔 인상주의의 영향을 받았지만, 그들 속에서 자신만의 독자적인 세계를 구축해 나갔다. 눈에 보이는 한 순간을 포착하기보다 자신의 느낌을 포착해, 강렬한 색채와 격렬하고 거침없는 붓 터치로 그림에 영혼을 불어넣었던 것이다. 고흐가 위대한 화가로 인정받는 것은 바로 그림 속에 진실한 영혼이 깃들어 있기 때문이다.

7. 아를의 노란 집

빈센트는 이층 하숙방에서 이웃집 정원을 그리고 있었다. 창문으로 내다보이는 풍경을 그린 지 보름째. 추운 겨울이었기 때문에 야외로 나가 그림을 그릴 수 없었다. 비좁은 방 안은 벌써 그림으로 꽉 찼고, 덜 마른 캔버스들이 여기저기 널려 발을 내딛기도 조심스러웠다.

빈센트는 창밖을 내다보며 착잡한 표정을 지었다. 영원히 봄이 오지 않을 것처럼 아를에는 매서운 바람만 몰아치고 있었다.

'날씨가 이렇게 성난 코뿔소 같아서야. 꽁꽁 언 땅이라도 녹아야 밖으로 나갈 수 있을 텐데. 방이 좁아터져 조금 있으면 이젤을 붙들고 서 있어야 할 판이군.'

처음 아를에 도착했을 때 빈센트는 쓴웃음을 지었다. 가까운 시골 마을에도 아름답게 펼쳐진 초원과 목장은 없고, 볼 것이라고는 도개교 (배가 지나갈 때 위로 들어 올려지는 다리)가 있는 수로뿐이었다. 더욱 나쁜 것은 날씨가 좋지 않다는 것이었다. 매섭게 몰아닥친 추위와 폭설 때문에 아를은 더욱 음산해 보였다.

'아무리 겨울이라지만 이렇게 삭막할 수가 있을까. 로트렉이 말한 천국하고는 거리가 먼 곳이군. 우뚝우뚝 선 공장 굴뚝에다 군부대까지 있을 줄은 몰랐어. 게다가 여기 들어와 있는 주아브 부대 군인들은 말썽 많기로 소문이 자자하질 않나.'

하지만 이 작고 삭막한 고장은 왠지 방랑자 빈센트의 마음을 잡아끌고 있었다.

봄이 되자 아를은 프로방스 특유의 풍부한 햇빛이 내리비쳤다. 가지마다 연초록 새순이 돋고 꽃들이 만발했다. 로트렉이 말했던 천국은 이제야 그 모습을 드러내고 있었다. 빈센트는 교외로 나가 화사하게 꽃을 피운 복숭아나무와 배나무, 사과나무를 그렸다. 연분홍, 노랑, 빨강, 하양 등 눈부시게 밝은 색깔로 뒤덮인 유화를 한 달 만에 14점이나 완성했다. 빈센트는 아를의 도개교도 그렸다. 빨래터에서 둥글게 퍼져 나가는 푸른 물과 오렌지색 강둑은 부드럽고 빠른 붓질로 선명하게 표현되었다.

그 무렵 고갱으로부터 편지가 날아들었다.

「나는 지금 엄청나게 빚을 진 데다 병까지 얻어 고생하고 있네. 생각 끝에 자네의 도움을 얻으려고 마음먹었네. 테오에게 내 그림을 팔아 달라고 얘기해 줄 수 있겠나? 물론 그림 값은 싸게 불러도 좋네.」

빈센트는 곧바로 고갱에게 답장을 보냈다.

「고갱 씨, 아를에서 저와 합류하지 않겠습니까? 교외에다 집을 한 채 빌리고, 함께 살면서 그림을 그리는 거예요. 와 보시면 알겠지만 화가들에겐 더할 나위 없이 좋은 곳이에요. 당신이 여기 와서 자리를 잡으면 다른 화가들도 이리로 몰려오려고 할 겁니다.」

빈센트는 꿈에 부풀어 있었다. 그는 화가들의 공동체를 만들고 싶은 꿈을 아직 버리지 않고 있었다. 그러나 빈센트에게 엉뚱한 답장을 받은 고갱은 생각해 보겠다는 간단한 편지를 보내왔다. 고갱에게 좋은 소식이 오길 기다리며, 빈센트는 베르나르와 로트렉에게도 아를로 오지 않겠냐는 편지를 띄웠다. 그러나 아무에게도 답장은 오지 않았다.

얼마 뒤 파리에서는 좋은 소식이 왔다. 테오가 인상파들의 전시회에 빈센트의 작품을 출품했다는 것이었다. 이 소식은 빈센트를 몹시 들뜨게 했다. 빈센트는 테오에게 곧 답장을 보냈다.

「전시회에 내 작품을 냈다니 꿈만 같다. 그런데 한 가지 부탁이 있다. 전시회 카탈로그에 내 이름을 '빈센트'라고만 해 줘. '고흐'는 정확하게 발음하기가 어려워서 잘못 부르기 쉽거든. 난 그게 싫다. 내가 그림에 서명할 때 '빈센트'라는 이름만 써넣는 이유도 바로 그 때문이야.」

한편 아를에서 두세 달을 지내는 동안 빈센트는 마을 사람들과 친하게 지내지 못했다. 아를의 주민들은 다른 고장에서 온 사람들에게 쉽게 마음을 터놓지 않았다. 게다가 생긴 것도 기이하고 행동도 별난 빈센트를 그들은 의심하는 눈초리로 바라보았다.

방 값이 유난히 비싼 하숙집에서는 여전히 형편없는 음식만 내놓았다. 건강이 나빠져 식사에 신경을 써야 했지만 주인 여자는 간단한 요리조차 제대로 해 주지 않았다. 그리고 매일같이 말도 안 되는 변명만 늘어놓았다.

"감자 요리를 부탁합니다, 부인."

"감자가 다 떨어졌는데요."

"그럼 마카로니 요리는?"

"그건 내일 하려고 생각하던 중이었어요."

빈센트는 더 이상 얘기하는 걸 포기하고 다른 방법을 찾았다. 라마르틴 광장을 오가며 봐 두었던 집을 월세 15프랑에 빌린 것이다. 식사는 알아서 해결해야 했지만 하루 4프랑짜리 엉터리 하숙집에 비하면 상당히 싼 편이었다. 게다가 큰 방이 세 개, 작은 방이 두 개이고 햇빛도 잘 들었다. 빈센트는 광장 가장자리에 위치한 노란색 집이 마음에 들었다. 꽤 넓은 이층집이므로 화실과 침실을 여러 개 만들 수 있다는 생각이 들었던 것이다. 그는 또 어느새 아를의 노란 집으로 친구들을 끌어들일 생각을 하고 있었다.

노란 집을 꾸미며 이사를 하기 전까지 빈센트는 여관에 머물기로 했다. 마음씨 좋은 지누 부부가 운영하는 여관이었다.

"우리 여관에 화가 손님이 묵게 되다니 영광이구먼요."

지누는 손수레에 그림과 화구를 잔뜩 싣고 온 빈센트를 보고 기뻐했다. 빈센트는 자신을 반기는 지누를 보고 눈을 둥그렇게 떴다. 아를에서 자신을 반겨 주는 유일한 사람이었기 때문이다.

"혹시 마룻바닥에 물감이 튈지도 모르니 놀라지 마슈."

빈센트는 히죽 웃으며 짓궂게 말했다. 지누는 옆에 있던 부인과 마주 보며 웃었다. 지누 부인은 예민해 보이긴 했지만 착한 성품이 느껴지는 여자였다.

지누 부부는 사람을 차별하지 않고 그곳에 오는 노동자나 군인, 부랑자들을 친절하게 대했다. 빈센트 역시 지누 부부의 여관에서 따뜻한 대접을 받았다.

고갱에게서 반가운 소식이 오길 기다리며 빈센트는 그림을 그렸다. 마을의 밀 수확을 그린 풍경화는 온통 황색으로 물결쳤다. 황색 들판에 황색 밀짚 더미, 그리고 집들도 황색이었다. 타오르는 태양과 하늘 역시 황금색이었다. 빈센트의 그림은 갈수록 노란색이 많아졌고 점점 강렬해졌다. 빈센트는 이미 프로방스 지방의 풍부한 햇빛에 반해 버린 것이다.

며칠간 장맛비가 내리자 빈센트는 초상화를 그렸다. 모델은 카페에서 알게 된 주아브 병사였다. 빈센트는 병사를 노란 집으로 불러 그림을 그렸다. 실내의 흰 벽과 붉은색 타일을 배경으로 빈센트는 병사를 캔버스에 꽉 채워 넣었다. 황소처럼 목이 굵은 병사는 주황색 자수가 놓인 청색 윗도리에 치마처럼 넓은 빨간 아랫도리의 군복을 입고 머리에는 길게 늘어진 빨간 모자를 쓰고 있었다. 빈센트는 아를에서 처음 그린 초상화가 만족스러웠다.

빈센트는 역시 카페에서 알게 된 우체국 직원 룰랭의 초상화도 그리고 싶었다. 빈센트보다 열 살이 많은 룰랭은 무뚝뚝하지만 마음이 푸근했다. 그는 빈센트의 그림을 인정하는 몇 안 되는 사람 중의 하나였다.

"이보게 빈센트, 내가 그림은 그리지 못하지만 볼 줄은 아네. 자네 그림은 사람을 압도하는 데가 있어. 어지러울 정도지. 아직 때를 못 만나 그렇지 한번 알려지기 시작하면 굉장한 반응을 일으킬 걸세."

룰랭은 다 떨어진 작업복에 덕지덕지 물감을 묻히고 다니는 빈센트를 치켜세우곤 했다. 빈센트는 그런 룰랭을 보면 싱글싱글 웃음이 나왔다.

"룰랭, 당신을 보면 생각나는 사람이 하나 있어요."

"그래? 나 같은 놈이 어디에 또 있었나."

"파리에서 화방을 하는 영감이에요. 젊은 화가들이 애인보다 좋아하지요. 아무리 외상을 져도 눈치가 안 보이거든요, 클클."

빈센트는 룰랭을 볼 때마다 탕기 영감을 생각했다. 룰랭은 그만큼 빈센트에게 편하고 기분 좋은 사람이었다.

어느 날 카페에서 룰랭과 술을 마시던 빈센트는 그에게 모델을 서 달라고 부탁했다.

"룰랭, 제 모델 한 번 해 주실래요? 모델료는 외상으로 하고요."

이 말을 들은 룰랭은 조금도 망설이지 않고 그 자리에서 승낙했다.

"거 재밌겠구먼. 재능 있는 화가에게 모델을 서 주다니 영광이야. 하지만 모델료라면 사양하겠네. 벼룩의 간을 내 먹지."

"그래 주신다면야 고맙죠. 그럼 내일 저녁 집으로 찾아가겠습니다."

가난한 서민을 그리고 싶어 하는 빈센트에게 룰랭은 좋은 모델이었다. 룰랭은 열심히 일해 받는 쥐꼬리만한 월급으로 네 식구를 먹여 살렸다.

빈센트는 커다란 몸집에 수염이 텁수룩한 룰랭을 그렸다. 술을 마셔 붉게 물든 얼굴과 금장 단추 하나가 깨진 청색의 낡은 제복은 소박하게 살아가는 보통 사람의 모습을 잘 나타내고 있었다. 룰랭의 가족들과도 친했던 빈센트는 그의 부인과 자녀들도 그렸다. 아를에 있는 동안 빈센트가 그린 초상화는 자화상을 포함해 46점이나 되었다.

그해 여름 빈센트는 기분이 별로 유쾌하지 못했다. 테오가 인상파들의 전시회에 출품한 작품이 단 한 점도 팔리지 않았던 것이다. 그리고 고갱은 아를에 올 것처럼 하다가도 다시 태도를 바꾸며 변덕을 부렸다. 그래도 빈센트는 고갱이 마침내는 오고야 말 것이라는 믿음을 가지고 노란 집을 꾸밀 그림을 그렸다. 그는 해바라기 연작(하나의 주제를 가지고 여러 작품을 그리는 것)을 완성하기로 마음먹고 작업을 시작했다. 황색 테이블 위에 올려진 황색 화병의 황색 해바라기에는 아를의 강렬한 태양 빛이 가득 담겨 있었다.

빈센트는 고갱이 아를에 오도록 해야 한다고 테오에게 끈질기게 얘기했다.

「고갱이 이곳에서 함께 산다면 집에서 밥을 해 먹을 수 있을 거다. 그는 선원 생활까지 해 본 사람이니 요리를 잘할 거야. 그러니 둘이 합하면 그만큼 돈도 절약할 수 있지 않겠니? 친구는 빚에 쪼들리고 살아갈 길이 막막한데 나만 잘 지내는 건 말이 안 돼. 고갱을 돕는 길은 바로 그와 함께 지내는 거다.」

테오는 형의 간청을 모르는 척할 수 없었다. 그는 고갱을 맞기 위한 준비를 하라며 매달 50프랑씩을 더 보내 주었다. 그리고 고갱에게 편

지를 보내 그림 값으로 매달 돈을 보내겠으니 아를에 가서 빈센트와
함께 지내는 게 어떻겠냐고 했다. 고갱에게는 이보다 더 좋은 기회는
없었다. 그런데도 고갱은 이것저것 계산을 해 보며 대답을 미루었다.

빈센트는 고갱이 오기를 목 빠지게 기다렸다. 아를에서 화가들의 공
동체를 이룬다는 꿈은 갈수록 강해졌고, 그 첫 번째 인물은 누구보다도
고갱이었다. 빈센트는 매일같이 노란 집에서 고갱과 함께 생활하며 그
림 그리는 일을 상상했다. 그리고 노란 집을 꾸미는 데 온 힘을 쏟았다.

'가구는 들여놨으니 가재도구를 사야겠군. 벽은 전부 내 그림으로
장식해야 해. 고갱을 맞기 위해선 최대한의 성의를 보여야 하니까.'

빈센트는 뜨거운 햇볕 속에서 죽도록 그림을 그리고 밤에는 카페에
가 독한 압생트를 마셨다. 집에 돌아와서는 밤새 커피를 타 마시며 화
가들의 공동체를 어떻게 만들 것인지 구상했다.

그러던 중 드디어 고갱으로부터 아를에 오겠다는 편지가 왔다. 빈센
트는 편지를 쥔 손을 번쩍 치켜들며 환호성을 질렀다.

"고갱이 온다! 하하, 놀랄 일은 아니지. 처음부터 난 그가 올 줄 알았
어. 이런 이런, 이러고 있을 때가 아니야. 요리를 할 취사도구와 이불
도 사야 하고, 고갱이 곧바로 그림을 그릴 수 있도록 물감과 캔버스도
갖추어 놓아야 해. 그리고 그가 올 때까지 작품도 많이 완성해야지."

빈센트는 꿈에 부풀어 있었다. 그토록 바라던 일이 이루어진 것이
다. 고갱이 오려면 한 달도 훨씬 넘게 남았지만 빈센트는 잠시도 쉬지

않고 집을 단장하고 그림을 그렸다.

9월 중순, 집 단장을 끝낸 빈센트는 마침내 노란 집으로 이사를 했다. 빈센트는 자신이 정성 들여 가꾼 집에서 고갱과 새로운 생활을 할 것을 생각하니 너무나 기뻤다. 멋진 신랑을 맞는 신부처럼 빈센트는 고갱에게 편지를 썼다.

「당신이 오기를 손꼽아 기다리고 있습니다. 우리가 살 집은 이제 정리가 다 끝났습니다. 당신의 방과 화실을 꾸미는 동안 얼마나 즐거웠는지 모릅니다. 요 몇 달 동안 그린 그림에도 가슴 벅찬 느낌이 듬뿍 담겨 있을 것입니다.」

그러나 그즈음 빈센트는 건강이 또다시 나빠지고 있었다. 음식을 제대로 먹지 못하는 데다 커피만 마시고 잠을 못 자 몸이 많이 허약해진 것이다. 그동안은 타고난 건강으로 잘 버텨 왔지만 체력이 바닥난 상태였다. 고갱이 도착할 날이 다가오자 신경까지 예민해져 하루하루를 불안하게 보냈다.

'아를과 노란 집이 고갱의 마음에 들지 않으면 어떡하지? 아냐, 내가 얼마나 공을 들인 집인데. 하지만 뭔가 부족한 게 있을지 몰라. 아, 그럼 안 되는데……'

빈센트는 이런저런 걱정들로 머리가 터질 것 같았다. 그는 초조함을 달래며 자기 방을 캔버스에 그렸다. 커다란 나무 침대와 물병이 놓인 탁자, 검소한 의자 두 개, 자화상을 그릴 때 쓰는 거울과 벽에 건 그림 액자들은 그림 속에서 잘 정돈되어 있었다. 그러나 실제로 빈센트의 방은 아수라장이었다. 치우지 않은 쓰레기가 구석구석 널렸고, 뚜껑을 닫지 않은 물감 튜브가 여기저기 나뒹굴었다. 물감이 튀어 마룻바닥은 울긋불긋했다. 청소를 하지 않는 빈센트의 습관은 여전했던 것이다.

고갱이 오기 바로 전날, 빈센트는 초상화 하나를 들고 아를 역 바로 아래에 있는 카페로 갔다. 예전에 자신의 자화상과 바꾼 고갱의 자화상이었다.

"내일 이렇게 생긴 사람이 저를 찾아올 겁니다. 혹시 이 사람이 카페에 들르면 노란 집이 어디 있는지 가르쳐 주십시오."

고갱이 집을 찾지 못할까 봐 며칠 동안 걱정을 하던 빈센트는 참으로 기가 막힌 방법을 찾아낸 것이었다.

다음날 아침, 빈센트는 누군가 요란하게 문을 두드리는 소리에 잠을 깼다.

"고갱?"

빈센트는 직감적으로 그가 고갱이라는 걸 알아차렸다. 빈센트는 이리저리 뻗친 머리를 매만질 새도 없이 그대로 방을 튀어나갔다.

"고갱, 오셨군요. 이게 정녕 꿈은 아니겠지요?"

고갱을 맞이한 빈센트는 너무 좋아 입을 다물지 못했다.

"반갑네, 빈센트. 덕분에 집은 잘 찾아왔네."

고갱은 짧게 인사를 하면서 빈센트에게 자신의 자화상을 내밀었다. 빈센트가 아를 역 근처의 카페에 맡겼던 것이었다. 멋쩍게 웃는 빈센트에게 고갱은 농담을 한마디 던졌다.

"카페에 들어서자마자 카페 주인이 날 알아본 걸 보면 내 자화상이 꽤나 훌륭했던 모양이야."

그러나 농담은 거기서 끝났다. 집 안을 둘러본 고갱은 탐탁지 않다는 표정을 지었다. 고갱은 어수선하게 꾸며진 집과 요란하게 색을 입힌 빈센트의 그림이 거슬렸다. 하지만 크게 내색하지 않고 슬쩍 돌려 말했다.

"과연 집을 자네답게 만들어 놓았군."

"고맙습니다."

순진한 빈센트는 그 말을 칭찬으로 받아들였다.

"자 고갱, 이제 밖으로 나가요. 아를을 안내해 드릴 테니. 도개교 밑에서 빨래하는 아낙네들을 보면 당장 붓을 들고 싶어질 겁니다. 그렇지 않다면 이상한 일이지."

"기대가 되네."

그러나 하루 종일 빈센트에게 끌려 다닌 고갱은 아를이란 곳에 대해서도 큰 흥미를 보이지 않았다.

다음날, 빈센트와 고갱은 그림 작업에 들어갔다.

"화가들의 공동체가 이렇게 시작되는군요."

빈센트는 가슴이 벅차 올랐다. 그렇게 원해 온 일의 첫 발걸음을 내딛게 된 것이었다.

"공동체라는 말이 어째 거창하게 들리는군."

이렇게 말했지만 고갱도 웃음을 띠고 있었다.

그러나 며칠이 지나자 고갱은 빈센트에게 잔소리를 하기 시작했다.

"이보게나, 식사를 제때제때 해야지 안 그러면 건강을 망치네. 자네 꼴 좀 봐. 요리는 내가 맡을 테니 자넨 설거지나 하게. 자네 요리 솜씨는 믿을 수가 없거든. 수프를 꿀꿀이죽처럼 만들어 놓잖아. 그리고 말야, 돈은 미리 계획을 세워서 쓰고 쓸 때마다 기록을 해 놓자구. 아 참, 가장 중요한 걸 잊었군. 제발 청소는 하고 살자구. 난 집 안이 정신없으면 아무 일도 못 해."

"알겠어요, 알겠어. 하지만 하나씩 하나씩 해결하자구요. 그러지 않으면 복잡한 머릿속이 더 뒤죽박죽될 테니까."

빈센트는 고갱의 말을 최대한 들어주려 애썼다. 고갱이 다소 못마땅한 요구를 하거나 변덕을 부려도 비위를 맞춰 가며 그의 뜻을 따르려고 했다. 그토록 애타게 기다려 왔던 사람인데 괜스레 마찰을 빚어 그가 떠나게 할 수는 없었다.

두 사람은 테오가 보내오는 돈으로 생활을 했다. 돈 관리는 꼼꼼한 고갱이 했다. 그들은 돈을 아껴 가며 알뜰하게 살았다. 그렇지만 고갱은 호강하고 있는 셈이었다. 아를에 오기 전에 테오가 그림을 많이 사주어 빚을 다 갚았을 뿐만 아니라, 여비까지 따로 받았던 것이다. 빈센트와 테오가 아니었다면 고갱은 그때까지도 어려운 지경에 빠져 있었을 것이 틀림없었다.

고갱이 아를에 온 지 한 달쯤 지나자 날씨가 갑자기 추워졌다. 어느새 겨울이 온 것이다. 빈센트와 고갱은 날씨가 아주 좋은 날이 아니면 야외에서 작업을 할 수가 없게 되었다. 그런데 집에서 그림을 그리는 일이 많아지자 고갱은 차츰 빈센트의 그림에 간섭하기 시작했다.

"자네, 물감을 너무 두껍게 칠하는 거 아냐? 잘못하면 조잡하게 보일 수 있으니 좀 얇게 칠해 보도록 하게."

"글쎄요."

빈센트는 고갱의 말이 잘 이해되지 않았다. 그는 그런 말들을 한 귀로 흘리면서 자신이 그리던 대로 계속해서 그렸다. 그러나 고갱은 툭하면 빈센트의 그림에 대해 충고를 하려고 들었다.

"진짜 그림엔 상상력이 들어가 있어야 하네. 일단 스케치를 한 다음에는 자기가 상상한 대로 그것을 조작하고 뜯어고치는 거지."

그러나 눈에 보이는 것을 자신의 느낌대로 자유롭게 그리고 색칠하는 데만 익숙한 빈센트는 고갱의 충고를 따를 수가 없었다.

'고갱의 독선은 말릴 수가 없군. 아무리 선배라지만 내 그림에 지나치게 간섭하고 있잖아. 사실 그의 그림은 어떨 땐 괴상하기 짝이 없어. 아를 여인의 머리에 아랍 여인들이 쓰는 베일을 씌우질 않나, 긴 나무 벤치를 커다란 곤충으로 둔갑시키질 않나.'

두 사람은 그림을 그리는 기본 태도가 처음부터 너무 달랐다. 빈센트는 참을 수 있을 때까지는 참기로 했지만 울컥 반발심이 생기는 일이 많아졌다.

이런 일이 반복되면서 그들은 조금씩 서로에게 불만을 느끼기 시작했다. 그런데 어느 날 빈센트가 고갱에게 화를 낼 뻔한 일이 생겼다. 바람이 불고 날씨가 추워 두 사람은 집에서 작업을 하고 있었다. 빈센트는 해바라기를 그리고, 고갱은 해바라기를 그리는 빈센트를 그리고 있는 중이었다. 빈센트는 그림에 열중하느라 자신이 어떤 모습으로 그려지는지 전혀 관심을 갖지 않았다. 그런데 빈센트가 그림을 완성하자 고갱이 빙글빙글 웃으며 말했다.

"빈센트, 이리 와서 내가 그린 자네의 초상화를 보게."

고갱의 그림을 본 빈센트는 깜짝 놀라고 말했다.

"이 그림은 확실히 날 그린 거군요. 그런데 꼭 미친 사람 같잖아요!"

"내가 제대로 그리긴 했군, 하하."

"뭐라구요?"

빈센트는 옛날의 악몽이 생각났다. 헤이그에서 시엔과 살고 있을 때

아버지가 정신병원에 넣겠다고 야단을 했던 기억이었다. 정신병자 취급을 받았던 그때의 일을 떠올리자 빈센트는 갑자기 우울해졌다. 그리고 고갱이 자신을 미친 사람처럼 그린 것에 기분이 상했다.

'고갱은 날 놀리는 건가, 아니면 날 정말로 미친 사람으로 생각하는 건가.'

그날 두 사람은 카페로 갔다. 빈센트와 고갱은 압생트를 시켜 마셨다. 술이 들어가자 빈센트는 가라앉았던 감정이 되살아났다. 아무 일도 없었던 듯 술을 마시고 있는 고갱을 보자 빈센트는 화가 머리끝까지 치밀었다. 고갱이 자신을 무시하고 있는 것 같아 참을 수가 없었다. 빈센트는 갑자기 손에 들고 있던 술잔을 고갱에게 던졌다.

"왜 이래?"

고갱은 난데없이 날아온 술잔을 재빨리 피했다. 술잔은 벽에 부딪쳐 박살이 났다. 주인이 놀라서 급히 달려오자 고갱은 침착하게 말했다.

"아무 일도 아닙니다. 잔을 깨뜨려 죄송하군요."

고갱은 정신이 멍해 있는 빈센트를 일으켜 세워 집으로 데리고 왔다.

다음날 아침, 지난밤 일을 떠올린 빈센트는 고갱에게 깊이 사과했다.

"고갱, 제발 용서해 주십시오. 내가 잠시 정신이 나갔나 봅니다."

그러나 그 후에도 두 사람은 번번이 부딪쳤다. 아를과 빈센트가 마음에 들지 않았던 고갱은 평소에 잘 참아 왔던 일까지 눈에 거슬렸다. 아를의 노란 집에는 갈수록 티격태격하는 일이 많아졌다.

"빈센트, 자네는 집을 쓰레기통으로 착각하고 있는 사람 같아. 정신이 어수선해 아무 일도 할 수가 없단 말일세."

"그래도 나는 그림만 잘 그리고 있잖아요? 똑같은 잔소리를 매일같이 들으면서도."

빈센트도 까다롭게 구는 고갱에게 화가 났다.

"자네를 뻔뻔스럽다고 생각하고 싶지 않네."

"당신이 그렇게 만들고 있잖아요."

고갱과 다투고 나면 빈센트는 그 즉시 후회를 하며 괴로워했다.

'조금만 참을 걸 내가 또 실수를 했어. 고갱이 떠나면 어떡하지? 그렇게 되면 난 이곳에 혼자 버려진 기분이 되고 말 거야. 룰랭과 지누 부부는 좋은 친구들이지만 나에겐 그림에 대해 얘기할 화가 친구가 필요해. 그 역할을 해 줄 사람은 고갱밖에 없어.'

빈센트는 고갱의 입에서 떠난다는 말이 나올까 봐 조바심하며 하루하루를 보냈다. 고갱은 이런 빈센트가 안타까웠지만 아를에 오래 있겠다는 말은 하지 않았다. 이런 중에도 빈센트와 고갱은 마치 자신과 싸움을 하듯 더 치열하게 그림을 그려 나갔다.

고갱이 온 지 두 달 되었을 때 빈센트는 요람(아기를 눕히고 흔들어 달래거나 잠재우는 바구니)을 흔드는 룰랭의 부인을 그리고 있었다. 그런데 그림을 그리는 내내 빈센트는 불안감에 시달렸다. 요람에 누워 방긋거리는 아기를 보니 옛날에 자신이 두고 떠난 시엔의 아이들이 생각났던 것이다.

'아, 그 아이들은 지금쯤 훌쩍 커 있겠지? 어디서 무엇을 하고 살까. 굶주리고 있지는 않을까.'

슬픔에 사로잡혀 그림을 그리고 난 빈센트는 머리가 어지러웠다.

그날 고갱과 빈센트는 함께 저녁을 먹었다. 두 사람 다 별 말이 없었고, 빨리 저녁을 먹어 치운 고갱은 산책을 나가겠다며 식탁에서 일어났다. 집을 나선 고갱은 라마르틴 광장을 터벅터벅 걸어갔다. 그는 아를을 떠나야겠다고 마음먹고는 있었지만 고민스러웠다.

'빈센트와 테오에게 신세진 것이 많은데 이제 겨우 두 달을 지내고서 이곳을 떠나겠다고 말하기는 어려운 일이야. 게다가 친구를 잃을까 봐 초조해하는 빈센트를 보면 더더욱 입이 떨어지지 않으니 어쩌면 좋지?'

이런 생각을 하며 걷고 있을 때 등 뒤에서 누군가의 발소리가 들려왔다. 빠르고 불규칙한 소리였다.

"빈센트?"

고갱은 빈센트의 발소리를 알아듣고 뒤로 돌아섰다. 그러고는 움찔한 발짝 물러섰다. 빈센트가 면도칼을 손에 든 채 다가오고 있었기 때문이다.

"난 이런 장난은 재미없네."

고갱은 당황하지 않고 뚫어지게 빈센트를 노려보았다. 고갱과 눈이 마주친 빈센트는 고개를 푹 숙이더니 그대로 집을 향해 뛰어갔다.

고갱은 빈센트를 따라가지 않고 호텔로 향했다. 왠지 기분이 찜찜했던 것이다.

그런데 고갱이 호텔에서 자고 다음날 집으로 돌아왔을 때, 노란 집 주변은 사람들로 술렁이고 있었다.

"무슨 일입니까?"

고갱이 사람들을 헤치고 집 앞으로 다가서자 형사 한 명이 나서며 말했다.

"아직 친구에게 무슨 일이 일어났는지 모르셨단 말입니까?"

형사는 의심하는 눈초리로 고갱을 훑어보았다. 심상치 않은 일이 벌어진 것을 눈치챈 고갱은 집으로 뛰어 들어갔다.

집 안에 들어선 그는 깜짝 놀랐다. 검붉은 피가 일층 타일 바닥에서부터 이층 빈센트의 방 침대까지 이어져 있었던 것이다. 핏자국을 따라 올라간 고갱은 빈센트가 붕대로 머리를 감싼 채 침대에 누워 있는 것을 보았다. 빈센트가 살아 있는 것을 확인한 고갱은 뒤따라온 형사에게 말했다.

"난 간밤에 집에 없었기 때문에 아무것도 모르오. 이 사람이 깨어나거들랑 고갱이 파리로 떠났다고만 말해 주시오."

노란 집을 도망치듯 빠져나온 고갱은 곧장 우체국으로 달려가 테오에게 전보를 쳤다.

「빈센트 위독함. 폴 고갱.」

고갱이 호텔로 갔던 전날 밤, 노란 집에서는 이런 일이 벌어졌다.
집으로 돌아온 빈센트는 침실에 들어가 거울 앞에 섰다. 그리고 손

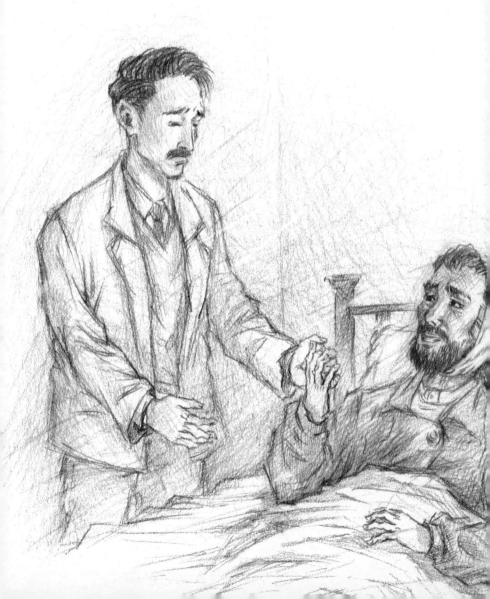

에 들고 있던 면도칼을 왼쪽 귀 위로 들어올려 아래로 죽 그어 내렸다. 면도칼에 잘려 나가 윗부분만 조금 남은 귀에서는 피가 철철 흘렀다. 빈센트는 왼쪽 귀를 붕대로 둘둘 말고는 잘려 나간 귀를 신문지에 여러 겹으로 쌌다. 그리고 그것을 라셀이라는 마을 여자에게 갖다 주었다. 빈센트가 돌아가고 신문지를 펼쳐본 라셀은 그 자리에서 기절하고 말았다.

빈센트는 곧 병원으로 옮겨졌다. 그러나 귀를 붙일 수는 없었다. 또 치료 후 상처는 아물었지만 정신 상태가 위험하다는 진단이 내려졌다.

고갱의 전보를 받자마자 아를로 온 테오는 붕대로 머리를 친친 감은 채 병원 침대에 누운 빈센트를 보고 울음을 터뜨렸다.

"형! 이게 웬일이야. 왜 그런 일을 했어? 모자도 안 쓰고 매일같이 밖에서 그림을 그렸다더니, 뙤약볕 때문에 머리가 많이 아팠던 거 아냐?"

그러나 빈센트는 아무런 대답도 하지 않았다.

테오는 담당 의사 레를 만나 빈센트의 상태를 알아보았다. 젊고 유능한 의사 레는 테오를 안심시켰다.

"과로로 몸이 약해진 데다 커피와 독한 압생트를 계속 마셔 일시적인 발작이 일어났던 것 같습니다. 편안하게 휴식을 취하면 곧 회복될 겁니다."

테오는 마음이 조금 놓이긴 했지만 가슴이 찢어질 듯 아팠다.

"형, 술과 커피는 몸에 해로우니 당분간은 마시지 말도록 해. 마음을 편히 갖고."

그러나 빈센트는 멍하니 병원 천장만 올려다볼 뿐이었다.

테오는 더 오래 아를에 머물 수 없어 다음날 고갱과 함께 파리로 돌아갔다.

새해가 되면서 빈센트는 상당히 회복되었다. 담당 의사 레는 이제 퇴원해도 좋다는 진단을 내렸다. 빈센트는 룰랭의 부축을 받아 노란 집으로 돌아왔다.

"드디어 고갱이 돌아갔군."

빈센트는 고갱이 없는 빈집을 보며 쓸쓸하게 웃었다.

"하지만 자네 그림들이 주인을 반기고 있지 않은가."

룰랭이 빈센트의 등을 두드리며 말했다.

"그런가요?"

1년 동안 쌓인 그림들을 보자 빈센트는 기운이 나는 것 같았다.

"룰랭, 나가서 캔버스와 물감을 사 와야겠어요. 열흘 이상 굶을 수는 있어도 붓을 잡지 않고서는 살 수가 없지."

그는 집에 돌아오자 곧바로 그림을 그리기 시작했다.

빈센트는 해바라기와 룰랭 부인의 초상화를 그렸다. 그리고 병원에 치료 받으러 갈 때마다 레의 초상화를 그렸고 집에서는 자화상을 그렸다. 거울에 비친 자기 모습을 그렸기 때문에 그림 속에서 빈센트는 오른쪽 귀에 붕대를 감고 있었다.

그런데 퇴원한 지 한 달도 되지 않아 빈센트의 건강은 다시 악화되었다. 엎친 데 덮친 격으로 둘도 없는 친구 룰랭이 마르세유로 직장을 옮기게 되어 외로움은 더욱 커졌다. 룰랭은 빈센트를 걱정했다.

"빈센트, 어쩌겠나. 가족들을 먹여 살리기 위해서는 월급을 조금 더 받는 쪽을 택할 수밖에 없었네. 하지만 자주 놀러 올 테니 마음 편히 먹고 그림이나 열심히 그리게. 자리를 잡을 때까지 아내와 아이들은 여기 있어야 하니까 자주 올 수밖에 없다구. 난 자네가 건강만 회복하면 모든 일이 잘 풀릴 거라고 믿네."

룰랭이 이렇게 위로하고 떠나긴 했지만 빈센트에게는 별 도움이 되지 못했다. 몸과 마음이 약해질 대로 약해진 빈센트는 환청에 시달리기 시작했다. 식당에 갈 때마다 자신의 귀에 대고 속삭이는 목소리가 들렸다.

"그 음식에 독이 들어 있어. 누군가 널 죽이려 해."

빈센트는 음식을 그대로 놔둔 채 식당을 뛰쳐나오거나 숟가락을 내동댕이치기도 했다. 하루는 식당에서 길길이 날뛰며 소동을 벌였다.

"누구야, 누가 이 음식에 독약을 넣은 거지? 나와, 나오란 말이야!"

손님들은 빈센트의 이상한 행동에 놀라 식당 밖으로 뛰어나갔다. 식당 종업원은 미친 사람이 난동을 부린다며 경찰에 신고했다. 잠시 후 도착한 경찰 두 명은 빈센트를 붙잡아 정신병원으로 넘겼다. 빈센트는 독방에 갇혀 있다가 열흘 만에 퇴원했다.

다음으로 빈센트를 괴롭힌 것은 아를의 시민들이었다. 자신의 귀를 자른 정신병자가 독살 환상에 시달린다는 소문이 퍼지자 사람들은 그를 아를에서 쫓아내야 한다고 아우성을 쳤다. 그리고 빈센트가 나타나면 오물을 던지며 소리를 질렀다.

"빨간 머리 미치광이! 썩 저리 꺼져!"

"멀쩡한 귀를 자른 면도칼로 다음엔 누굴 찌를 생각이냐? 나머지 귀나 마저 자르고 뒈져 버려라."

아이들 역시 빈센트를 졸졸 따라다니며 놀려 대고 못살게 굴었다.

"빨간 머리 미치광이! 귀를 자른 미친놈!"

빈센트는 갈수록 사람들과 마주치는 것을 두려워했다. 그는 언제나 쫓기듯이 주변을 두리번거리며 길을 걸었고, 두 눈은 불안하게 휘번득였다.

사람들은 빈센트를 욕하고 내쫓는 일에서 멈추지 않았다. 그들은 아를 시장에게 빈센트를 추방해야 한다고 하소연하는 글을 보냈다.

「라마르틴 광장의 노란 집에 살고 있는 빈센트 반 고흐는 정상적인 생활을 할 수 없는 정신병자입니다. 그는 이상한 행동을 해 시민들에게 피해를 주고, 때로는 술을 마시고 아이들과 여자들을 위협하기도 합니다. 그를 정신병원에 감금시켜 주십시오.」

진정서에는 약간 억지가 섞인 부분이 있었지만 시장은 어떻게든 조치를 취해야 했다. 그는 시민들의 원성을 무시할 수 없었다. 자신을 시장으로 뽑아 준 사람들이 그들이고, 또 이번 일이 다음 선거에도 영향을 미칠 것이기 때문이었다. 그는 경찰서장에게 연락해 빈센트를 잡아 가두라고 했다. 경찰은 노란 집에 못질을 해 아무도 들어가지 못하게 하고 빈센트를 강제로 끌고 갔다. 빈센트는 다시 시립 병원으로 넘겨졌다.

의사 레는 빈센트를 이해하고 많은 배려를 해 주었다.

"고흐 씨, 노란 집에서 그림 도구들을 가져와 병원에서 그림을 그리세요. 그리고 편지를 쓸 때는 내 사무실을 이용하시구요. 필요한 게 있으면 도와 드릴 테니 그때 그때 말씀하세요."

"병원이 이렇게 좋은 곳인 줄은 미처 몰랐군. 그래도 노란 집만한 곳은 없겠지만. 아무튼 고맙소이다."

자신을 이해해 주는 사람들이 많았으므로 빈센트는 마을보다 병원이 훨씬 더 편안했다. 그러나 노란 집에 갈 수 없다는 건 슬픈 일이었다.

그런데 3월 중순이 넘어 노란 집에 갈 수 있는 기회가 생겼다. 파리에서 친하게 지냈던 시냐크가 빈센트를 찾아온 것이다.

"시냐크! 아를에 내 친구 시냐크가 나타나다니, 이것이 꿈은 아니겠지?"

빈센트는 시냐크를 얼싸안으며 소리쳤다.

"아프다더니 얼굴이 아주 좋아 보이는데요."

"가끔씩 머릿속이 이상하게 뒤죽박죽되긴 하지만 평소엔 멀쩡하네."

빈센트는 시냐크를 보자 자신의 그림을 보여 주고 싶은 마음이 굴뚝같았다. 하지만 아직은 외출이 금지돼 있었고 노란 집도 그대로 폐쇄된 상태였다. 그는 시냐크와 함께 레에게 갔다.

"노란 집에 가야겠습니다. 친구가 왔거든요. 친구를 위해 할 일이라고는 내 그림을 보여 주는 것밖에 없으니 허락해 주쇼."

"그러세요. 문이 못질 돼 있으니 잘 뜯고 들어가셔야 합니다."

레는 뜸들이지 않고 외출을 허락했다. 빈센트의 건강 상태가 상당히 좋아졌기 때문이었다.

빈센트를 따라 노란 집에 온 시냐크는 그곳을 가득 채운 그림들을 보고 깜짝 놀랐다.

"빈센트, 당신은 정말 훌륭한 화가가 되었군요. 단 1년 만에 이렇게 좋은 그림들을 그려 낼 수 있었다니 말이에요. 내가 본 당신의 그림들 중 아를에서 그린 작품들이 가장 빼어난 보물들인 것 같아요."

시냐크는 그림을 하나하나 보면서 감탄을 연발했다. 오랜만에 기분이 좋아진 빈센트는 시냐크와 많은 이야기를 나누었다.

"파리의 인상파들은 잘 있나? 그리고 로트렉, 베르나르, 탕기 영감님……. 역시 생각나는 사람들은 손가락 안에 꼽히는구먼."

"그럼요. 로트렉은 여전히 물랭루즈를 들락거리며 무희들을 그리고 있고, 베르나르도 아버지의 반대에 씩씩하게 맞서서 그림에 매진하고 있지요. 탕기 영감님은 가게 안에서 옆으로 서서 다니고 계세요. 몸이 더 불어난 데다 무명 화가들의 그림이 계속 쌓여 가게를 비좁은 골목으로 만들어 놓고 있거든요."

"그렇군. 좀 찔리는데? 영감님께 외상값을 다 갚지 못하고 아를로 왔거든. 어느 날 이곳으로 계산서가 날아올지도 모르지. 하하."

두 사람의 얘기는 끝없이 이어졌다.

그런데 저녁이 되었을 때 술을 마시던 빈센트가 갑자기 유화 기름으로 사용하는 테레빈유를 마시려고 했다. 쇠약해진 몸으로 먼 거리를 걷고, 너무 많은 얘기를 해 판단력이 흐려진 것이다. 시냐크는 빈센트를 서둘러 병원으로 데려갔고, 다음날 아침 다시 찾아와 아쉬운 작별 인사를 하고 떠났다.

빈센트는 오직 그림만을 그리며 병원 생활을 이어 나갔다. 상태는 그리 좋아지지 않았다. 가끔씩 불안한 행동을 해 의사들을 긴장시켰을 뿐만 아니라, 발작과 실신을 하기도 했다. 자신의 이러한 상태를 정확하게 알고 있는 빈센트는 레에게 찾아가 의논했다.

"의사 선생, 어디 잘 아는 요양원 없습니까? 아무래도 여기선 빌어먹을 병이 낫지 않을 것 같아요. 한번 불안해지기 시작하면 나 스스로도 나를 어쩔 수가 없으니, 이러다간 미쳐 버리고 말 거요."

레는 솔직하게 자기 마음을 털어놓는 빈센트를 보고 감동했다.

"알겠어요, 빈센트. 아를 근처의 생레미라는 고장에 괜찮은 요양원이 있는데 한번 알아보죠. 그리고 곧바로 동생분에게도 연락을 하겠습니다."

"고맙소. 요양원에선 설마 지금보다야 나아지겠지?"

며칠 후, 빈센트는 생레미의 생폴 정신병원으로 옮겨 갔다. 빈센트는 자신의 삶이 이제 얼마 남지 않았다는 것은 알지 못했다.

고갱

프랑스 후기 인상파 화가 고갱은 1848년 프랑스 파리에서 태어났다. 화가가 되기 전 그는 상선의 선원에서 해군으로, 증권회사 주식중개인으로 직업을 바꾸며 결혼도 하고 안정된 생활을 누렸다. 취미로 미술을 하다가 살롱 전시회에 낸 풍경화가 입선한 뒤 본격적인 화가의 길로 들어서게 되었다. 직장을 포기하고 완전히 그림에만 몰두하면서 그는 인상파 화가들과 어울렸다.

고갱은 인상주의의 기교를 자신의 다양한 기법과 섞어 그림을 그렸다. 일본 판화의 영향을 받아 세부적인 것을 무시하고 원색으로 넓게 화면을 칠했으며, 굵직한 윤곽선으로 대담하게 그림을 그렸다. 또 눈에 보이는 자연을 보여 주기보다는 그림 속에 꿈과 상상의 세계를 표현하는 데 힘썼다.

고흐와 처음 만난 것은 브르타뉴의 퐁타방에서 파리로 돌아왔을 때였다. 이때 우정을 쌓은 두 사람은 남 프랑스의 아를에서 함께 살며 그림을 그리기도 했다. 그곳에 작은 아틀리에를 마련한 고흐가 고갱을 초대한 것이다. 그러나 성격이 너무 다르고 개성이 강했던 그들은 자주 마찰을 빚었고, 고흐가 자신의 왼쪽 귀를 자르는 발작을 일으킴으로써 공동 생활은 2개월 만에 끝이 나고 말았다.

다시 브르타뉴로 돌아간 고갱은 〈천사와 격투하는 야곱〉, 〈황색의 그리스도〉 등을 그렸고, 병을 얻어 남태평양의 타히티 섬으로 떠났다. 타히티 섬의 순수하고도 격렬한 색채에 매혹된 그는 가난과 고독과 병마에 시달리며 마지막 예술혼을 불살랐다. 〈마호리의 집〉, 〈목욕하는 타히티의 여인〉, 〈언제 시집가나〉, 〈부채를 가진 여인〉, 〈타히티의 여인들〉 등의 작품 속에서 미지의 세상과 원주민들은 신비스럽고도 생명력이 넘치는 모습으로 표현되었다.

고갱은 몸이 매우 쇠약해진 상태에서도 〈우리는 어디서 왔으며, 무엇이며, 어디로 가나〉, 〈붉은 꽃을 가진 가슴〉 등의 수작을 그렸다. 이후 건강이 극도로 악화된 고갱은 1903년 환상으로 본 〈눈 속의 브르타뉴 풍경〉을 그리는 것을 끝으로 생애를 마쳤다.

8. 화가로 이름을 얻다

생폴 정신병원은 생레미의 작은 마을에서 3킬로미터나 떨어진 곳에 있었다. 주변에 마을이 없는 데다 환자들이 많지 않아 병원은 쥐 죽은 듯 고요했다. 겉모습까지 우중충한 이 병원은 시설도 좋지 않고 창문마다 창살이 쳐져 감옥 같은 느낌이 들었다. 빈센트는 여기서 방 두 개를 쓰며 특별 대접을 받았다. 테오가 병원비를 조금 더 내는 조건으로 형이 침실을 혼자 쓰고 빈 방 하나를 작업실로 쓰도록 조치를 한 것이다.

병원에 오자마자 빈센트는 또 그림을 그리기 시작했다. 이층 작업실에서 내려다보이는 들판과 정원에 피어난 붓꽃, 나무 벤치 등을 그렸다. 언제나 그렇듯 빈센트는 그림을 그리며 새로운 곳에 적응해 나갔다. 그림 그리는 모습을 다른 환자들이 지켜보기도 했지만, 아를의 시민들처럼 비웃고 욕하는 사람은 없었다.

그곳에서 빈센트는 자신의 병에 대한 공포도 많이 잊을 수 있었다. 발작은 다른 환자들에게도 자주 있었고, 그 모습을 눈으로 확인한 후로는 발작이 병의 일종일 뿐이라고 생각하게 된 것이다. 그리고 자신이 다른 환자들처럼 증세가 심각하지 않다는 것을 알고는 안심했다.

6월이 되자 빈센트는 상태가 아주 양호해졌다. 불안한 눈빛도 많이 안정되고 문제가 될 만한 일도 일어나지 않았다. 빈센트는 결혼한 테오와 편지를 주고받으며 모처럼 평화로운 시간을 보냈다.

병원에 갇혀 지내던 빈센트는 야외로 나가 그림을 그리고 싶었다. 바깥 출입이 금지돼 있었기 때문에 그동안은 화실과 병원 뜰에서만 작업을 했다. 그는 담당 의사 페이롱에게 부탁을 해 보았다.

"선생님, 이제 다 나은 것 같습니다. 병원 밖에 나가서 그림을 그려야겠어요."

빈센트의 말을 들은 페이롱은 고개를 갸웃했다.

"글쎄요. 나도 고흐 씨의 상태가 매우 좋아졌다고는 여겨집니다만, 아직은 일러요. 조금 더 기다려 봅시다."

"아니, 전 지금 나가야겠습니다. 머리도 맑고 기분도 아주 좋아요."

페이롱은 조금 생각하더니 한 가지 조건을 달았다.

"좋아요. 그렇다면 간호사 한 사람이 따라가도 상관없겠죠?"

"뭐, 굳이 그래야 한다면."

빈센트는 썩 내키지는 않았지만 페이롱의 말에 따랐다. 그림을 그릴 수 있다면 간호사가 따라다니는 것쯤 얼마든지 참을 수 있었다.

그림 도구를 챙겨 들고 들판으로 나간 빈센트는 넓게 펼쳐진 자연을 보자 가슴이 설레었다. 특히 하늘을 찌를 듯 위로 뻗어 올라간 측백나무는 빈센트의 마음을 강하게 사로잡았다. 마치 자신의 마음속에 있는 고통과 희망이 뒤엉켜 있는 듯 보였다. 빈센트는 아를에서 해바라기 연작을 그렸듯이 측백나무 연작을 그리고 싶어졌다.

빈센트는 아를에서 그린 것처럼 직선에 가까운 붓질을 하지 않고 붓자국이 휘어지고 구부러지도록 하는 방법을 썼다. 캔버스는 곡선으로 휘어 구부러지며 꿈틀대는 터치로 가득 찼다. 빈센트는 자기 마음이 웅장한 리듬이 되어 쏟아져 나오는 것 같았다.

색채도 아를에서 많이 썼던 화려하고 밝은 색을 피하고 차분한 색으로 대신했다. 빈센트는 자신이 겪었던 문제들이 프랑스 남부 프로방스 지방의 불타는 태양 때문이라고 여겼다. 불타는 황색 태양과 강렬한 색채들이 자신을 불행하게 만들었다고 믿었던 것이다. 그는 이제 북부를 생각하고 고향을 그리워하기 시작했다.

그러나 며칠 후 빈센트는 또다시 발작을 일으켰다. 괴성을 지르며 쓰러져 뒹구는 발작은 그 어느 때보다 오래 지속되었고, 닷새 동안 매일같이 일어났다. 발작 때문에 정신을 차릴 수 없는 지경인데도 빈센트는 매일 작업실로 갔다.

"그림을 그려야 해. 나 자신을 이겨 낼 방법은 그것뿐이야."

그러나 극도로 불안한 상태에서 그림을 그리던 빈센트는 자살을 기도했다. 물감을 다 짠 뒤 남아 있는 기름을 먹어 버린 것이다. 다행히 간호사가 빈센트를 빨리 발견해 위험한 상황까지는 가지 않았다.

빈센트의 몸이 조금 회복되자 페이롱은 작업 금지 명령을 내렸다.

"고흐 씨, 당분간 작업실 문을 잠가 놓겠습니다. 완전히 회복될 때까지는 그림을 그리지 마십시오. 너무 그림에만 파고들어 몸이 약해지고 분별력이 없어지는 겁니다."

"하, 그림을 그리지 말라구요? 그렇다면 제가 정말로 미치는 꼴을 보여 드릴 수 있겠군요. 전 손에서 붓을 놓고는 단 하루도 살 수가 없습니다. 그림을 못 그리게 할 거면 차라리 절 죽이세요."

빈센트는 펄쩍 뛰며 그림을 그리겠다고 고집을 부렸다. 하지만 소용이 없었다. 페이롱은 기어코 작업실을 폐쇄해 버리고 말았다.

빈센트는 테오에게 편지를 띄워 자신의 답답한 처지를 하소연했다. 테오는 빈센트가 그림을 그리지 않고는 견디지 못한다는 것을 잘 알고 있었다. 테오는 페이롱에게 형이 다시 그림을 그릴 수 있도록 해 달라며 간곡하게 부탁하는 편지를 보냈다.

페이롱은 2주일이 지나고 나서야 작업실 문을 열어 주었다.

"건강을 해치지 않도록 조금씩만 그려야 합니다. 그리고 바깥으로 나가는 것은 몸이 완전히 회복된 후에 허락하겠습니다."

밖으로 나갈 수 없게 된 빈센트는 자화상을 그리기 시작했다. 그는 화가의 작업복을 입고 팔레트와 연필을 손에 쥔 자화상과 환자의 모습을 한 자화상을 차례로 그렸다.

빈센트는 차츰 생레미의 정신병원이 싫어졌다. 창문을 가로막은 쇠 창살을 보면 숨통이 막혔고 매일 똑같은 일과를 반복하는 것도 답답했다. 식사는 여전히 형편없어 먹기가 고약했고 커다란 목욕통에서 몇 시간씩 목욕을 하는 것도 지겨웠다.

빈센트가 갑갑한 현실을 이겨 내는 방법은 언제나 똑같았다. 빈센트는 무서운 속도로 그림을 그렸고 엄청나게 독서를 많이 했다. 빈센트는 창문에서 내다보이는 생레미의 들판을 그렸다. 강한 붓놀림은 더욱 거칠어져 캔버스를 뒤섞이는 파도처럼 물결치게 했다. 아를에서 빠져들었던 원색은 점차 사라지고 청색이 많이 섞인 색조가 두드러졌다.

그해 11월, 테오는 빈센트의 〈붓꽃〉과 〈론 강의 달밤〉을 인상파 화가들의 여덟 번째 전시회에 출품했다. 유럽에서 명성이 높은 레뱅전에서도 빈센트의 작품을 다음 해에 출품해 달라는 초청을 받았다. 바야흐로 빈센트가 미술계에서 이름을 얻기 시작한 것이다. 테오는 빈센트에게 기쁨에 겨운 편지를 보냈다.

「형, 드디어 형의 그림이 인정을 받기 시작한 것 같아. 어제는 형의 그림 들을 보여 주려고 사람들을 집으로 초대했는데, 모두들 얼마나 열광했는지 몰라. 특히 알베르 오리에라는 미술 평론가는 형의 그림에 완전히 반해 버린 것 같았어. 형의 작품을 다룬 글을 미술 잡지에 싣겠다고 말하기까지 했다니까.」

편지를 읽은 빈센트는 기분이 좋긴 했지만 한편 걱정도 되었다. 혹시 자신의 그림을 이해하지 못하고 잘못된 평가를 할까 봐서였다. 하루 빨리 인정받고 이름을 날리기 위해 애쓰는 다른 화가들과는 달리, 빈센트는 자신의 작품이 정당하게 평가받기만을 바라고 있었던 것이다.

빈센트는 생레미를 떠나는 것을 일단 포기하고 다시 그림에만 매달리기로 했다. 그는 병원 밖으로 나가 올리브 나무를 그리며 새로운 방법들을 시도했다. 그러나 또다시 사건이 벌어졌다. 아무렇지도 않아 보이던 빈센트가 갑자기 물감을 먹고는 발작을 일으킨 것이다. 발작은 일주일이나 이어졌다.

페이롱은 빈센트에게 명령했다.

"허락이 있을 때까지 스케치만 하고 유화는 그리지 마십시오."

화가 난 빈센트는 병원에 대한 불만을 늘어놓았다.

"이곳은 시설도 엉망인 데다 따분하기 짝이 없어요. 보이는 건 할 일 없이 복도를 왔다 갔다 하거나 멍하니 허공만 바라보는 환자들뿐이죠. 그런데 그림이 전부인 나에게 그림을 그리지 말라니 말이 됩니까?"

"그렇다면 유화 물감을 써도 아무 일 없을 거라는 믿음을 갖게 해야 지요."

"당신은 의사지만 말싸움에 더 재주가 있군."

빈센트는 씩씩거렸지만 어쩔 도리가 없었다.

빈센트가 병원 생활을 못 견뎌하고 있을 때, 브뤼셀에서는 놀라운 일이 벌어지고 있었다. 레뱅전에 첫 출품한 빈센트의 작품들이 커다란 관심사로 떠오른 것이다. 사람들이 빈센트의 작품을 엉터리라고 공격 하고 있을 때, 그것에 강력하게 맞서는 글이 한 잡지에 실려 흥미를 불 러일으켰다. 〈고독한 사람〉이라는 제목의 글은 빈센트의 작품에 큰 매 력을 느꼈던 평론가 오리에가 쓴 것이었다.

「빈센트 반 고흐의 작품에는 넘치는 힘이 있다. 태양을 똑바로 바라보려 는 야심과 색채에 대한 열정 속에는 순수하고도 강렬한 인간의 모습이 나 타난다. 빈센트 반 고흐의 작품은 인간에 대한 깊은 탐구, 그리고 자연과 진실한 것에 대한 때묻지 않은 사랑을 담고 있다……」

빈센트는 무명 화가에서 가장 주목을 받는 화가로 떠오르고 있었다. 그것을 모르는 사람은 생레미 정신병원의 빈센트 자신뿐이었다. 빈센트는 자기 작품이 욕을 먹는지 칭찬을 받는지도 모르는 채 우중충한 병원에서 갑갑한 나날을 보내고 있었다.

그즈음 빈센트는 또 한 가지 걱정이 생겼다. 아를의 지누 부인이 심한 우울증에 시달리고 있었던 것이다. 아무 일도 못하고 방 안을 왔다 갔다하던 빈센트는 페이롱의 방으로 갔다.

"아를에 다녀와야겠습니다. 외출을 허락해 주십시오."

빈센트에게 지누 부인의 얘기를 들은 페이롱은 고개를 가로저었다.

"외출은 곤란해요. 지누 부인보다 고흐 씨 자신을 더 생각해야 할 때입니다."

빈센트는 페이롱을 협박했다.

"이대로 그냥 있으면 좋지 않은 일이 생길 겁니다. 지누 부인을 만나고 오지 않으면 계속 불안해할 테니까."

결국 페이롱은 빈센트에게 외출을 허락하고 말았다.

그러나 아를에 문병을 다녀오고 난 뒤 빈센트는 발작을 일으켜 일주일을 앓았다.

테오의 두툼한 편지는 빈센트가 회복된 직후에 도착했다. 예전에 그린 것을 참고로 지누 부인의 초상화를 그리고 있을 때였다. 봉투에서 나온 것은 테오가 쓴 편지와 오리에의 글이었다. 빈센트는 테오의 편지부터 읽었다.

「형, 1월 31일 요하나가 드디어 아이를 낳았어. 아주 귀엽게 생긴 사내 아이야. 그 아이 이름을 뭐라고 지은 줄 알아? 형의 이름을 따 빈센트 빌렘 이라고 지었지.」

자신의 이름을 가진 조카가 생겼다는 소식은 빈센트에게 기쁨을 주었다. 빈센트는 귀여운 조카의 탄생을 축하하기 위해 그림을 그려야겠다고 마음먹었다.

테오의 편지를 다 읽은 다음 빈센트는 오리에의 글을 펴 들었다. 자신의 예술 세계에 대해 거창한 해석을 해 놓은 글을 보며 빈센트는 두 눈을 반짝였다. 그러고 나서 며칠 안 있어 가슴 벅찬 소식이 또 한 번 전해졌다.

「축하해, 형. 드디어 형의 그림이 팔렸어. 그것도 아주 비싼 가격으로! 지난봄에 아를에서 그린 〈붉은 포도원〉이 무려 400프랑에 나간 거야. 하지만 이건 시작에 불과할 뿐이야. 이제 분명히 유럽 전역에서 형의 그림을 사 가는 사람들이 생겨날 거야.」

빈센트는 꿈을 꾸는 것 같았다. 자신의 그림이 인정을 받고 비싼 값에 팔릴 줄은 조금도 기대하지 않던 일이었다.

'앞으로 계속 좋은 일이 생긴다면 더 이상 테오에게 신세를 지지 않고 혼자 힘으로 살아갈 수 있을지도 모르겠다. 그런 날이 온다면 얼마나 좋을까.'

그러나 생전 처음 맛보는 행복감은 그리 오래가지 못했다. 다시 한번 지누 부인의 문병을 떠난 날이었다. 빈센트는 아를로 가던 도중 갑자기 숨을 헐떡이기 시작했다. 병원에서 1킬로미터도 떨어지지 않은 곳에서였다. 길가에 쓰러진 빈센트는 식은땀을 흘리며 사지를 부들부들 떨었다. 마침 그곳을 지나던 청년이 빈센트를 일으켜 안고 찰싹찰싹 뺨을 때렸다.

"여보세요, 정신 차리세요!"

그러나 빈센트는 제대로 숨도 쉬지 못하고 헛소리를 했다.

"악마가 날 쫓아오고 있어. 저주받을 놈의 악마, 저리 썩 꺼져!"

청년은 빈센트를 들쳐업고 생레미의 병원으로 향했다. 등에 업힌 빈센트는 병원에 도착할 때까지 발작을 멈추지 않았다.

빈센트는 몇 시간이 지나서야 정신이 들었다.

"무슨 일이 있었는지 기억나오, 빈센트?"

옆에서 지키고 있던 페이롱이 이마에 얹은 얼음주머니를 내려놓으며 물었다.

"일이라니? 그런데 내가 왜 지누의 집에 있지 않고 병원에 있는 겁니까."

빈센트는 아무것도 기억하지 못했다. 그는 선물로 들고 간 지누 부인의 초상화를 잃어버렸다고 화만 낼 뿐이었다.

발작의 후유증은 두 달 동안 이어졌다. 그림을 그리고 책을 읽는 것은 모두 금지되었다. 빈센트는 아무 일도 하지 않고 멍하니 있는 것이 고통스러웠다.

다시 건강을 되찾자 빈센트는 테오에게 편지를 보냈다. 병원 생활이 얼마나 절망스러운지를 적은 편지는 테오의 마음을 아프게 했다.

테오는 빈센트가 가 있을 만한 곳을 여기저기 알아보기 시작했다. 그러던 중 파리에서 병원을 운영하는 의사 가셰를 소개받게 되었다. 가셰는 미술품 수집가이자 인상파를 지지하는 사람으로, 파리에서 기차로 한 시간 걸리는 오베르에 살고 있었다. 테오를 만나 빈센트에 대한 얘기를 들은 가셰는 매우 희망적으로 말했다.

"듣고 보니 형님이 앓고 있는 것은 정신병이 아니구먼요. 정신병자가 아닌데 정신병원에 있으니 상태가 더 악화될 수밖에, 쯧쯧. 지금이라도 형님을 오베르로 오게 하는 게 좋을 것 같소이다. 내가 잘 돌봐드리지요."

테오는 저 멀리서 빛줄기 하나가 비쳐드는 것 같았다.

"정말 형이 옛날처럼 좋아질 수 있을까요?"

"적어도 지금보다는 나아질 거라고 약속하지요."

테오는 페이롱에게 빈센트가 오베르로 갈 수 있도록 해 달라고 부탁했다. 병원에서 더 이상 좋아질 가망이 없었기 때문에 페이롱은 반대하지 않았다. 빈센트도 테오의 편지를 받고는 마음이 설레었다.

「형을 돌봐 줄 좋은 의사를 만났어. 가세라는 의사인데, 미술에 해박한 지식을 갖고 있고 인상파 화가들과도 가깝게 지내는 모양이야. 그러니까 형에게는 딱 알맞은 의사지. 그분은 형을 오베르로 보내라고 야단이셔. 형도 물어보나 마나 좋다고 하겠지?」

빈센트는 더 주저할 것이 없었다. 즉시 생레미를 떠나겠다는 답장을 보냈다. 드디어 황폐한 저택 같은 정신병원을 벗어나게 된 것이었다. 그러나 빈센트는 출발 전날까지도 열정적으로 그림을 그렸다. 〈측백나무와 별이 있는 길〉은 출발 직전에 그린 것으로, 생레미 시절의 작품들 중 가장 환상적인 걸작이 되었다.

9. 불타는 황금 밀밭 너머로 사라지다

빈센트는 건강한 모습으로 파리에 나타났다. 도착 시간보다 한 시간이나 빨리 리옹 역에 나가 있던 테오는 개찰구를 걸어 나오는 빈센트를 보고 소리를 질렀다.

"형!"

빈센트는 주름진 얼굴에 환하게 웃음을 지으며 다가왔다.

"걱정 많이 했지? 하지만 보다시피 이렇게 거뜬하게 왔잖냐."

"그러고 보니 형이 나보다 더 건강해 보이는데? 이러지 말고 빨리 집으로 가자구. 요한나와 빈센트 빌렘이 기다리고 있으니까."

빈센트와 테오는 어깨동무를 하고 리옹 역을 나섰다.

두 사람이 아파트에 도착해 문을 열고 들어섰을 때, 테오의 아내 요한나는 깜짝 놀랐다. 병들고 창백할 것으로 상상했던 남편의 형이 건장하고 혈색 좋은 모습으로 서 있었기 때문이다.

"어서 오세요, 빈센트. 테오의 멋진 화가 형님을 이제야 뵙게 되네요."

요한나는 처음 본 빈센트가 건강한 것을 보니 안심이 되었다.

빈센트는 요한나와 가볍게 포옹하며 그녀의 인사를 받았다. 그는 요한나의 맑은 눈빛과 차분해 보이는 모습이 마음에 들었다.

"자, 우리의 작은 빈센트를 보러 가야지?"

테오는 빈센트를 아기 방으로 데려갔다. 어린 빈센트는 요람에 누워 새근새근 잠을 자고 있었다.

"아, 이렇게 작고 부드럽고 깨끗하다니. 천사가 따로 없구나."

빈센트는 자신과 똑같은 이름을 가진 조카를 보자 눈물이 핑 돌았다. 테오의 눈에도 눈물이 고였다.

아기 방을 나와 집 안을 둘러본 빈센트는 또 한 번 감격했다. 그동안 수없이 그려 보낸 그림들이 집안 곳곳을 빼곡히 장식하고 있었던 것이다.

"요한나와 내가 얼마나 신경 써서 배치했는지 몰라. 맘에 들지?"

"이 그림들로 개인전을 열어도 되겠구나."

빈센트는 동생 부부에 대한 고마움을 더 이상 말로 표현할 길이 없

었다.

다음날 빈센트는 테오와 탕기 영감의 화방에 들렀다.

"영감님, 몽마르트르의 지독한 외상쟁이가 왔습니다."

"어이구, 이게 누군가. 태양의 화가 빈센트 반 고흐가 나타나다니."

탕기는 빈센트를 얼싸안고 투덕투덕 등을 두드렸다.

"아프다더니 아주 멀쩡해 보이는구먼."

"하하, 그럼요. 남부의 강렬한 햇빛이 머릿속을 들쑤셔 고생하긴 했지만요. 화방엔 여전히 새로운 그림들로 가득하군요."

탕기는 빈센트를 안내하며 화방에 걸린 빈센트의 작품과 다른 화가들의 작품을 보여 주었다. 빈센트는 친구들의 새로운 그림들을 보며 흥분을 느꼈다. 2년 전보다도 훨씬 과감하고 밝은 색채의 그림들이었다. 빈센트는 빨리 파리의 친구들을 만나고 싶었다.

그러나 저녁이 되기도 전에 빈센트는 벌써 지치기 시작했다. 파리의 화려함과 시끄러움이 정신을 어지럽히는 것 같았다. 빈센트는 일정을 앞당겨 다음날 오베르로 가기로 했다. 테오도 형을 생각해 일찍 떠나는 것에 찬성했다.

오베르 역에는 의사 가셰가 마중을 나와 있었다. 기차에서 내려 플랫폼을 걸어 나오는 빈센트를 가셰는 단번에 알아보았다. 빈센트 반 고흐의 자화상에서 받았던 강렬한 인상을 그는 실제의 모습으로 확인하고 있었다.

"잘 오셨습니다. 동생에게 얘기는 많이 들었지만 생각했던 것보다 훨씬 건강해 보이는구려."

가셰는 빈센트에게 악수를 청하며 자신의 특별한 환자를 맞았다. 딱 벌어진 체격에 혈색 좋은 빈센트를 보고 가셰는 마음이 한결 느긋해졌다. 가셰는 빈센트와 마을을 향해 걸어가며 의사로서 간단한 소감을 얘기했다.

"고흐 씨를 보니 병세가 심하지 않은 게 분명한 것 같군요. 이곳에서 충분히 휴식을 취하면서 가끔씩 나랑 만나 그림 얘기를 나누는 것만으로도 좋은 치료 효과를 볼 수 있을 겁니다."

빈센트는 가셰의 말을 들으며 고개를 끄덕였다. 얼굴이 상당히 예민해 보여 편안한 의사로는 느껴지지 않았지만, 자신을 보살펴 주기에 가장 적당한 사람인 것은 분명했다.

마을에 도착한 빈센트는 시청 옆 '라부'라는 이름의 카페 이층에 방을 하나 빌렸다. 좁고 어두운 복도 끝에 침대 하나만 덜렁 놓여 있는 방이었지만 문제될 건 없었다. 텅 빈 방은 곧 자신이 그린 그림들로 꽉 채워질 것이었기 때문이다.

그런데 며칠 지나지 않아 훌륭한 작업실이 마련되었다.

"고흐 씨, 카페로 내려와 보시오."

방에서 그림들을 정리하고 있을 때 카페 주인 라부가 빈센트를 불렀다.

아래층으로 내려갔을 때 빈센트는 카페 한쪽이 깨끗하게 치워져 있는 것을 발견했다.

"이곳을 작업실로 써요. 카페가 널찍하고 그리 붐비지 않으니 고흐씨가 그림을 그려도 아무 문제가 없을 겁니다."

"이거 참, 오래 살고 볼 일이오. 나한테도 이런 선물이 내려질 때가 있다니. 정말 고맙소."

빈센트는 감동에 겨워 목소리가 떨렸다. 그는 방을 얻은 다음날부터 맹렬히 그림을 그려 나갔다. 작고 아기자기한 마을 오베르는 경치가 아름다워 그리고 싶은 것들이 많았다. 특히 초가집들이 늘어선 구부러진 길과 담쟁이덩굴로 뒤덮인 집들은 빈센트의 마음을 사로잡았다. 담쟁이덩굴은 빈센트가 특히 좋아하는 것이었다. 빈센트는 북쪽에서만 볼 수 있는 풍경들을 열심히 화폭에 담아냈다. 그는 하루에 한 작품씩 신들린 듯 그림을 그렸다.

일요일이 되어 빈센트는 점심 식사 초대를 받고 가셰의 집에 갔다. 오래 전 부인을 잃고 홀아비가 된 가셰는 아들 딸과 함께 살고 있었다. 그런데 가셰에게 안내를 받아 식탁으로 간 빈센트는 입을 딱 벌리고 말았다.

'아니, 이렇게 많은 요리를 하다니 보기만 해도 질리는군. 내가 식사를 간소하게 한다는 걸 미리 말했어야 했는데……. 하지만 잠자코 먹어야지. 내가 의지할 사람이라곤 이 의사밖에 없으니까.'

빈센트는 불편한 점심 식사를 끝내고 가셰를 따라다니며 넓은 집을 구경했다. 미술품을 수집하는 취미 때문인지 집 안 곳곳에 여러 화가들의 그림이 걸려 있었다. 가셰는 빈센트에게 일일이 그림에 대한 설명을 해 주었다. 그런데 방 한쪽 구석에 있던 그림 하나가 빈센트의 눈에 띄었다. 그림을 집어든 빈센트는 눈을 동그랗게 뜨고 말했다.

"이건 기요맹의 〈나부상〉(옷을 벗은 여인의 모습을 그린 그림)이 아닙니까? 이런 훌륭한 그림을 액자도 하지 않고 놔두다니요."

빈센트가 놀라 말하자 가셰는 대수롭지 않은 듯 대꾸했다.

"기요맹을 좋아하시는구먼요. 알았습니다. 목수를 시켜 액자를 맞추도록 하지요."

그리고 계속해서 그림 얘기를 줄줄이 늘어놓았다. 빈센트는 가셰의 폭넓은 지식에 놀라지 않을 수 없었다.

그날 이후로 빈센트는 일요일마다 가셰의 집에서 점심 식사를 하기로 약속했다. 격식을 차린 요란한 식사는 마음에 들지 않았지만, 가셰의 초상화를 그리기로 했기 때문에 인내심을 발휘해 참아 내기로 마음먹었다.

가셰의 초상화 작업은 2주에 걸쳐 진행되었다. 고통스런 식사가 끝나면 빈센트는 정원에 나가 가셰를 앉혀 놓고 그림을 그렸다. 빈센트는 가셰가 초상화를 그리기에 딱 알맞은 인물이라고 생각했다. 의사답지 않게 침울한 표정에, 숱 많은 붉은 머리와 뾰족한 코 밑의 소복한 콧수염은 모델로서 매력적으로 보였다. 빈센트는 가셰의 초상화를 두 점 그렸는데, 그가 그린 초상화들 중에서 뛰어난 작품으로 손꼽힌다.

오베르의 생활이 익숙해지자 빈센트는 먼 곳까지 그림을 그리러 나갔다. 그는 끝없이 펼쳐진 밀밭과 허물어진 오베르 성, 그리고 밀밭 반대편의 강변 풍경 등을 그렸다.

이 시기에 빈센트는 새로운 시도를 하고 있었다. 정사각형의 캔버스 두 개를 가로로 이어 넓게 펼쳐진 캔버스에 그림을 그리기 시작한 것이다. 이것은 끝없는 밀밭 풍경을 그대로 담아내 마치 그 속으로 빨려들어갈 것 같은 느낌을 주었다. 빈센트는 오베르의 전원을 돌아다니며 아침부터 저녁까지 쉬지 않고 그림을 그렸다.

그런 빈센트를 보고 가셰는 말했다.

"내가 장담했듯이 고흐 씨는 절대 정신 이상이 아니오. 이곳에 온 지 한 달이 다 되어 가는데 지금까지 아무 일도 없질 않소. 게다가 아주 건강하게 그림을 그리고 있어요. 고흐 씨가 발작을 일으켰던 것은 분명히 아를에서 뜨거운 태양을 너무 많이 받았던 탓일 거요."

그러나 6월 말 테오의 편지를 받고부터 빈센트는 불안 증세를 나타내기 시작했다. 편지에는 테오의 아들 빈센트 빌렘이 많이 아팠고 위험한 고비를 넘겼다는 내용이 들어 있었다. 그리고 화랑에서 상사들과 의견이 맞지 않아 사표를 낼까 고민 중이라는 얘기도 씌어 있었다.

빈센트는 초조함을 못 이기고 방 안을 왔다 갔다 했다.

'빈센트 빌렘에게 혹시 내 병이 유전된 건 아니겠지? 테오가 화랑을 그만두면 그 가족은 어떻게 살아야 하나? 그리고 그렇게 되면 나를 도와 줄 수도 없을 텐데…….'

다음 일요일 빈센트는 일이 어떻게 돌아가고 있는지 살펴보기 위해 직접 파리로 갔다. 많이 회복된 아기를 보고 빈센트는 한시름 놓았다. 그러나 테오와 요한나는 녹초가 되어 있었다. 테오는 화랑에서 일하기가 힘들다는 말만 계속했다.

"이젠 화랑에 나가도 눈치가 보여. 인상파 화가의 그림이 하나도 팔리지 않아 계속 손해를 보고 있거든. 윗사람들은 인상파를 싸고도는 나에게 불만이 많겠지."

"그래서 화랑을 그만둘 생각이냐?"

빈센트는 테오의 마음을 떠보듯 말했다. 빈센트의 병이 다 나은 것으로 생각한 테오는 형의 불안한 눈빛을 알아채지 못했다.

"글쎄, 화랑을 그만두고 내 힘으로 작은 화랑을 하나 차리고 싶은데 돈이 있어야지."

테오의 얘기를 들어 주던 빈센트는 무거운 마음을 안고 오베르로 돌아왔다.

그로부터 보름이 지나 상황은 더욱 나빠졌다. 여름 휴가를 오베르에서 보내기로 했던 테오가 네덜란드의 집으로 간다고 편지를 보내온 것이다. 테오를 기다리고 있던 빈센트는 크게 실망해 식사조차 제대로 할 수 없었다.

그런 중에도 빈센트는 여전히 야외에 나가 그림을 그렸다. 그리고 매일 하나씩 작품을 완성했다. 그러나 신경은 날카로워질 대로 날카로워져 있었다. 빈센트는 날마다 그림을 그리면서도 발작이 일어날 것 같은 예감이 들어 두려웠다.

아무래도 의사와 상담을 해 보는 게 좋겠다고 생각한 빈센트는 가셰의 집을 찾아갔다. 그런데 가셰를 따라 응접실로 가던 그가 갑자기 걸음을 멈추었다. 열려진 방문 안쪽으로 기요맹의 〈나부상〉이 보였던 것이다. 빈센트는 방 안으로 달려들어가 그림을 가지고 나오더니 버럭 소리를 질렀다.

"이걸 액자에 끼우겠다고 하지 않았습니까? 왜 약속을 지키지 않는 겁니까?"

빈센트의 눈은 분노로 이글거렸다. 빈센트는 얼떨떨해하는 가셰에게 고래고래 소리를 질러 댔다.

"당신은 거짓말쟁이야, 지금 당장 액자를 가져다 끼워요!"

빈센트가 이상하다는 것을 눈치챈 가셰는 그의 눈을 뚫어지게 들여다보며 얘기했다.

"목수에게 액자를 만들어 달라고 부탁했는데 아직 못 만든 모양이
오. 내가 다시 가서 얘기해 보리다."

그제서야 정신을 차린 빈센트는 잠시 멍하니 서 있다 황급히 가셰의
집을 뛰어나왔다.

빈센트는 들판에 나가 그림을 그리면서 고통스런 마음을 진정시켰
다. 언제나 그랬던 것처럼, 빈센트는 마음이 병들수록 그림에 더 매달
렸다. 황금빛으로 물결치는 밀밭에 마음을 빼앗긴 빈센트는 밀밭을 주
제로 대작을 그리기 시작했다.

처음에 그린 밀밭 그림은 고요하고 부드러운 느낌을 주는 것이었다.
그림 속에서 밀밭은 초록과 노란색의 띠를 이루며 언덕을 향해 펼쳐지
고, 그 위로는 파란 하늘이 아득히 높은 곳까지 이어져 있었다. 빈센트
는 이 그림을 완성한 후 어머니에게 편지를 보냈다.

「저는 밀밭 그림에 열중하고 있습니다. 바다처럼 넓은 밀밭이 파란색과
하얀색, 분홍색, 자주색을 띤 야릇한 하늘 아래 펼쳐져 있습니다. 지금 저
는 아주 평온한 기분입니다.」

그러나 마음의 평화는 이틀도 가지 못했다. 빈센트는 다시 혼란에
빠졌다. 그는 자신을 돌봐 줄 사람은 아무도 없고 혼자 버려진 기분에

휩싸였다. 누군가 뒤쫓아오는 것 같은 불안한 마음에 심장이 요동을 쳤고, '미친놈'이라고 욕하는 환청이 들리기 시작했다.

빈센트는 또다시 발작이 일어날 것 같은 불길한 생각이 들었다.

'두 달 동안 잠잠했는데 다시 이상한 힘이 내 몸을 옥죄어 오는 것 같아. 아, 지긋지긋한 발작, 공포스런 악마의 저주. 그것이 다시 찾아 온다면 난 죽어 버릴지도 몰라.'

빈센트는 두려움을 떨치려 이를 악물었다.

다음날, 악몽을 꾸고 일어난 빈센트는 그림 도구를 챙겨 들고 집을 나섰다. 밤새 진땀을 흘린 탓인지 기운이 없었지만 정신은 조금 맑아 진 것도 같았다. 풍경이 잘 잡히는 곳에 자리를 잡은 빈센트는 눈앞에 펼쳐진 밀밭을 한참 동안 바라보았다. 바람이 몹시 불어 밀밭은 거세 게 물결쳤다.

빈센트는 불안한 마음을 억누르며 그림을 그리기 시작했다. 잠시도 쉬지 않고 정신없이 붓질을 해 나갔다. 빈센트는 가슴속에서 휘몰아치 는 고독과 슬픔이 붓끝으로 흘러나오는 것을 느꼈다. 황금빛으로 거세 게 출렁이는 밀밭과 그 사이로 뻗어 나가다 갑자기 끊겨 버리는 길, 폭 풍이 휘몰아치는 검은 하늘……. 빈센트는 신들린 듯 그림을 그려 나 갔다. 그림이 거의 다 완성돼 갈 때, 서쪽 하늘에서 몰려온 한 무리의 까마귀 떼가 노란 밀밭 위를 활개를 치며 날아다녔다.

최후의 비극은 그 다음날 일어났다. 점심 식사를 하고 평소처럼 외출을 했던 빈센트가 옆구리에 총상을 입고 돌아온 것이다.

집을 나설 때 빈센트는 발작 직전이었고, 안주머니에는 권총 한 자루가 들어 있었다. 빈센트는 악마에 쫓기는 사람처럼 불안하게 혼잣말을 지껄이며 언덕을 올라갔다.

"지긋지긋한 발작, 올 테면 와라. 악마의 저주를 내 손으로 끝내고야 말겠어……."

밀밭에서 돌아오던 농부가 미친 사람처럼 중얼거리는 빈센트를 보며 이상하다는 듯 고개를 갸웃거렸다. 빈센트는 계속 마을 쪽으로 걸어갔다. 잠시 후 총소리가 오베르 성 가까운 곳에서 울려 퍼졌다. 농부는 그 소리를 듣지 못했다.

빈센트는 늦은 저녁이 되어 카페에 들어섰다. 그는 라부 부부의 인사도 듣지 못한 채 비틀거리며 이층으로 올라갔다.

"고흐 씨, 무슨 일이라도 있었나요?"

라부 부부가 동시에 물었지만 빈센트는 손을 내저으며 자기 방으로 올랐다. 그런데 이상한 생각이 들어 빈센트를 뒤따라가던 라부 부인이 갑자기 비명을 질렀다.

"피예요, 피!"

깜짝 놀란 라부는 아내를 의자에 데려다 앉히고 이층으로 뛰어 올라갔다.

빈센트는 침대에 웅크린 채 꼼짝도 않고 있었다. 라부는 피로 얼룩진 빈센트의 옆구리에서 총탄 자국을 발견했다. 그는 급히 밖으로 달려나가 가까운 곳에 사는 의사를 불러왔다. 빈센트의 상처를 살펴본 젊은 의사는 응급처치를 시작했다. 빈센트는 옆에서 지켜보고 있는 라부에게 들릴락말락한 작은 소리로 말했다.

"가셰 선생님을 불러 주세요."

라부는 다시 밖으로 달려나가 가셰를 불러왔다. 허겁지겁 라부를 따라온 가셰는 울먹거리며 말했다.

"고흐 씨, 이게 웬일이란 말이오?"

빈센트는 아무 말도 하지 않은 채 고통스러운 표정만 짓고 있었다. 젊은 의사는 고민스럽다는 듯 말했다.

"총알이 너무 깊숙이 들어가 어떻게 해야 할지 모르겠습니다."

상처 부위를 자세히 들여다본 가셰는 고개를 가로저었다.

"안 되겠네. 지금 상태로는 총알을 빼내는 게 더 위험할 것 같아."

가셰는 안타까운 마음으로 빈센트를 내려다보다가 한숨을 쉬며 중얼거렸다.

"내일 파리로 사람을 보내 동생을 불러와야겠군. 그때까지 살아 있어야 할 텐데……."

밤이 되자 빈센트는 담배를 찾았다. 가셰는 빈센트의 주머니에서 파이프를 꺼내 담배를 넣고 불을 붙여 주었다. 빈센트는 여전히 말은 하지 않고 담배만 피웠다.

　이튿날 뜻밖의 소식을 들은 테오는 부라부랴 오베르로 달려왔다. 기차를 타고 오는 동안 눈물을 흘려 테오의 눈은 빨갛게 충혈돼 있었다. 붕대를 감고 누운 형을 보고 테오는 가슴이 미어지는 것 같았다. 테오는 형의 손을 꼭 잡고 눈물만 뚝뚝 떨구었다. 그러고는 조용히 웃으며 말했다.

　"형, 어릴 적 생각나? 들판에 나가 곤충이나 꽃들을 관찰하고 종달새를 잡으러 돌아다니던 일 말야. 그때 정말 형이랑 많이도 돌아다녔지."

　테오의 말에 빈센트는 희미한 미소를 지었다.

　"그래, 난 언제나 너만 데리고 다녔지. 네 살이나 어린데도 왜 너하고만 놀고 싶었는지 모르겠다."

　두 형제는 어린 시절의 이야기를 하거나 아무 말없이 서로를 바라보며 시간을 보냈다. 빈센트는 갈수록 얼굴이 창백해졌지만 표정은 편안해 보였다.

　그러나 밤이 되면서 온몸을 꼬챙이로 꿰는 듯한 고통이 빈센트를 덮쳐왔다. 상처의 염증이 점점 심해졌고 빈센트는 제대로 숨을 쉬지도 못하고 헉헉댔다. 고통은 새벽 한 시까지 계속되었다. 테오는 빈센트를 가슴에 끌어안았다. 그는 형이 죽음에 이르렀다는 것을 깨닫고 있었다.

"형, 마음을 편안히 가져. 내가 있잖아."

빈센트는 테오의 가슴에 안겨 꺼져 가는 목소리로 말했다.

"이대로 숨을 거두었으면 좋겠구나."

그리고 30분 후, 빈센트는 죽음을 맞았다.

1890년 7월 29일 새벽 1시 30분, 빈센트가 서른일곱 살 되던 해였다.

다음날 오후, 테오와 가셰, 탕기 영감, 베르나르, 로트렉을 비롯해 빈센트와 친하게 지냈던 화가들이 모인 가운데 장례식이 열렸다. 장례식장은 빈센트가 작업실로 썼던 라부의 카페 일층이었다. 테오는 빈센트가 오베르에서 그린 80여 점의 그림을 하나도 빼놓지 않고 벽에다 걸었다. 그리고 그 주위를 친구들이 가져온 꽃으로 장식했다. 장례식장은 빈센트를 추모하는 전시회장처럼 보였다.

빈센트는 황금빛 밀밭이 내려다보이는 언덕의 공동묘지에 묻혔다. 관이 무덤 속에 내려졌을 때, 가셰 의사는 터져 나오는 울음을 참으며 더듬더듬 추모사를 읽었다.

"빈센트 반 고흐는 진실한 사람이며 위대한 예술가였습니다. ……그는 참된 예술을 위해 삶을 불살랐습니다. ……그러나 빈센트 반 고흐는 결코 죽지 않았습니다. 그가 그린 그림들과 함께 그는 우리 마음 속에 영원히 살아 남을 것이기 때문입니다."

가셰가 추모사를 읽는 동안 테오는 슬픔을 억누르지 못하고 흑흑 흐

느껴 울었다. 애처롭게 우는 테오를 보고 장례식에 참석한 사람들도 눈물을 닦아 냈다.

　문상객들이 모두 돌아간 후, 테오는 빈센트가 쓰던 물건을 정리하다 쪽지 하나를 발견했다. 그것은 빈센트가 써 놓고 부치지 않은 편지였다. '테오에게' 라고 시작한 편지는 죽기 전에 느끼던 절망감을 담고 있었다. 편지를 읽어 내려가던 테오는 한 문장에서 또다시 눈물을 떨구고 말았다.

　「그래, 나는 내 그림, 그것에 목숨을 걸었고, 내 머릿속도 그것 때문에 반쯤 파멸되었다.」

　테오는 편지를 자기 얼굴에 부비며 말했다.

"형의 인생은 언제나 고통스러웠지. 그리고 형은 스스로 휴식을 찾아 돌아올 수 없는 먼 곳으로 떠났어. 그런데 혼자 남은 나는 이렇게 슬픔에 젖어 괴로워하고 있잖아. 형을 잃은 슬픔은 영원히 사라지지 않을 거야."

　파리로 돌아온 테오는 어머니에게 편지로 빈센트의 죽음을 알렸다. 그리고 네덜란드로 가서 가족들에게 형의 작품들을 자기가 모두 상속한다는 약속을 받아 냈다. 형의 그림들을 확실하게 관리하기 위해서는 그 방법밖에 없었던 것이다.

다시 파리로 온 테오는 빈센트의 그림들을 모아 전시회를 열려고 준비를 시작했다. 그러나 빈센트의 죽음으로 충격을 받은 테오는 더 이상 일을 할 수 없을 만큼 건강이 악화돼 있었다. 쇠약해질 대로 쇠약해진 몸은 뼈만 남아 앙상했고, 정신 이상 증세와 발작을 일으켰다.

테오는 형과 똑같은 병명으로 정신병원에 입원했고, 계속되는 발작과 혼수상태를 겪다 형을 따라 세상을 떠났다. 빈센트가 죽은 지 6개월 뒤인 1891년 1월 25일이었고, 그의 나이는 서른세 살이었다.

테오의 아내 요한나는 남편의 뜻을 따라 여기저기 흩어져 있는 빈센트의 작품들을 모으고 그것을 보호하는 데 모든 힘을 쏟았다. 그리고 살아생전 뗄래야 뗄 수 없었던 두 형제의 우애를 기리기 위해, 테오의 묘지를 오베르에 있는 빈센트의 묘지 바로 옆으로 옮겼다. 살아 있을 때처럼 나란히 붙어 있는 두 형제의 묘지에는 빈센트가 좋아했던 담쟁이덩굴이 지금도 예쁘게 우거져 있다.

고흐의 그림 세계

네덜란드 시기(1880년~1885년)

그림을 시작하고 네덜란드에 머무는 동안, 고흐는 자연의 위대함에 관심을 기울이고 있었다. 그는 자연은 고귀하고 진실되다고 생각했으며, 인간은 자연 앞에서 냉정과 평온을 잃지 말고 힘써 일해야 한다고 믿었다.

〈감자 먹는 사람들〉은 이 시기를 대표하는 작품으로서 경건한 노동의 의미를 전하고 있다. 그는 농부들의 투박한 손을 강조해 그렸다. 땀흘리며 일구어 낸 감자를 식탁에 올리고 가족과 함께 나누는 손에서 정직하게 일하며 살아가는 삶을 암시하려고 했던 것이다.

고흐는 이전의 화가들이 농부들을 아름답게만 그리려고 했던 것에 불만을 가지고 있었다. 그래서 그는 거친 흙 속에서 노동하고 수확하는 농부들의 진실된 모습을 소박하게 담아내려고 했다.

밀레를 존경했던 고흐는 〈감자 먹는 사람들〉을 완성한 후 자신이 진정한 농민 화가라는 생각을 했고, 언젠가는 이 그림이 인정을 받게 될 거라는 확신을 가졌다.

파리 시기(1886년 2월~1888년 2월)

네덜란드를 떠나 파리로 온 고흐는 인상파 화가들을 알게 된다. 특히 시냐크와 베르나르를 자주 만났고 쇠라의 점묘법에도 많은 흥미를 가지게 되었다. 그들의 영향을 받아 고흐는 그림의 색깔을 좀더 밝게 칠하기 시작했고, 점묘법을 시도해 보는 등 여러 가지 표현 방식을 써서 그림을 그렸다.

파리에서 인상파와 더불어 고흐에게 많은 영향을 주었던 것은 일본화였다. 〈탕기 영감의 초상〉은 인상주의와 일본화의 영향이 강하게 드러난 작품이다. 그는 굵은 윤곽선과 함께 그림을 단순하면서 강렬한 색채로 메웠고, 배경에는 일본화들을 그대로 그려 넣었다.

인상주의와 일본화의 영향을 받으면서도 고흐는 자신만의 독자적인 그림 세계를 만들어 갔다. 영혼을 담아낸 듯 거침없고 살아 꿈틀대는 듯한 느낌은 아무도 따라할 수 없는 고흐 자신만의 것이었다. 그러나 파리는 그의 그림을 이해해 주지 않았고, 그는 남 프랑스의 아를로 떠나게 된다.

아를 시기(1888년 2월~1889년 5월)

약 15개월 동안 아를에 있으면서 고흐는 왕성한 창작열을 보였다. 이 시기는 그의 독자적 양식을 확립하는 시기로, 많은 작품을 그렸을 뿐만 아니라 질적으로도 상당한 변화를 가져왔다. 이 시기의 색채는 아를의 뜨거운 태양처럼 강렬해졌고, 터질 듯한 그의 감정이 잘 표현돼 있었다. 〈해바라기〉나 〈밤의 카페 테라스〉는 이러한 경향을 잘 나타내 주는 작품들이다.

그러나 그는 아를에서 크나큰 절망을 경험하게 된다. 아무도 자신을 이해해 주지 않는 데서 오는 고독, 오랫동안의 이국 생활로 인한 신경 쇠약, 기대가 컸던 만큼 형편없이 어긋나 버린 고갱과의 공동 생활로 그는 이성을 잃고 만다. 1888년 크리스마스 전날 밤, 그는 발작을 일으켜 귀를 잘라 버리고 정신병원에 입원하게 된다.

생레미 시기(1889년 5월~1890년 5월)

생레미 정신병원에서 고흐의 그림은 큰 변화를 보였다. 붓 터치는 보다 역동적으로 바뀌고 움직이는 듯한 곡선을 사용해 환상적인 느낌을 주었다. 이러한 역동성을 가장 잘 표현한 그림이 〈측백나무〉 〈실편백나무가 있는 별이 빛나는 밤〉 등이다.

생레미에서 고흐는 이렇듯 불안하게 동요하는 그림을 그릴 수밖에 없었다. 폐쇄된 병원에 갇혀 있는 상태, 그곳에서 더욱 불타오르는 마음은 그림에도 그대로 드러나 움직이지 않는 사물을 일렁이며 소용돌이치게 만들었다. 고흐는 생레미 정신병원에서 시도 때도 없이 일어나는 발작과 싸우며 치열하게 그림을 그려 나갔다.

오베르 시기(1890년 5월~1890년 7월)

생레미에서의 생활을 견디지 못한 고흐는 동생의 추천으로 파리 북쪽에 있는 오베르로 갔다. 주치의였던 의사 가셰 옆에서 한동안 안정을 찾았지만, 참을 수 없는 외로움과 앞날에 대한 두려움으로 정신 상태가 다시 악화되었다. 그러나 그럴수록 더 미친 듯이 그림에 매달렸다. 오베르에서 고흐는 하루에 한 작품 꼴로 그림을 그리며 예술혼을 불태웠다.

이 시기의 그림은 죽음을 암시하듯 짙은 어둠의 이미지가 강하다. 특히 〈까마귀가 나는 밀밭〉은 휘몰아치는 슬픔과 고독이 잘 표현돼 있다. 사납게 일렁이는 밀밭과 그 위를 날아가는 까마귀는 극도의 불안과 절망감을 보여 준다. 마지막 작품으로 알려진 이 작품을 남기고 고흐는 스스로 목숨을 끊고 만다.

빈센트 반 고흐 연보

1853년 3월 30일, 네덜란드 브라반트 지방의 준데르트에서 태어남. 목사인 아버지 테오도루스 반 고흐와 어머니 안나 코르넬리아 사이에서 태어난 6남매 중 맏이였음.

1857년 5월 1일, 동생 테오 태어남. 테오는 일생 동안 빈센트의 정신적·물질적 지주가 되어 줌.

1861년 마을의 학교에 입학.

1864년 프로빌리의 기숙학교에 입학. 1869년까지 다님.

1869년 셋째 큰아버지 센트의 소개로 구필 화랑 헤이그 지점에 근무하면서 능력을 인정받음.

1872년	테오와 편지를 주고받기 시작.
1873년	테오가 구필 화랑 브뤼셀 지점에서 근무하게 되고, 빈센트는 런던 지점으로 전근.
1874년	하숙집 딸에게 사랑을 고백했으나 거절당하고 절망에 빠짐.
1875년	구필 화랑 파리 지점으로 옮겼으나 일에는 의욕을 잃고 성서에만 빠져듦.
1876년	화랑에 사표를 내고, 에텐의 목사관으로 이사한 부모에게로 돌아감. 보름 후 런던 근처의 작은 학교에서 무급 교사로 일하기 시작. 존스 목사를 만나 설교 조수가 됨.
1877년	신앙심이 두터워지자 목사가 되기로 결심. 암스테르담으로 가 둘째 큰아버지 얀의 도움으로 신학과에 응시할 준비를 함.
1878년	대학 입학을 포기하고 에텐으로 돌아옴. 그 후 브뤼셀의 전도사 양성소에 들어갔으나 전도사로 임명되지 않았고, 임시 전도사로서 보리나주의 탄광 지대로 감.
1879년	탄광의 가난한 사람들과 부상자들, 병자들을 돌보는 데 헌신적으로 일함.
1880년	보리나주에서 일하는 데 한계를 느끼고 방황하다 화

가가 되기로 결심.

1881년 에텐으로 돌아옴. 마침 그곳에 놀러 온 이종 사촌 케이에게 실연을 당하고 헤이그로 감. 화가인 친척 모베에게 그림을 배우기 시작.

1882년 임신한 몸으로 거리를 헤매는 시엔을 보살피며 함께 살기 시작. 많은 사람들의 비난 속에 시엔을 모델로 〈슬픔〉 등의 그림을 그림. 그해 7월 시엔이 아이를 낳음.

1883년 시엔과 헤어져, 누에넨으로 이사한 가족에게 돌아감.

1884년 열 살 위인 마르고트와 사귀었으나 양쪽 집안의 반대로 결혼에 실패.

1885년 3월에 아버지 테오도루스가 죽음. 농민들을 모델로 작업하던 빈센트는 4~5월에 〈감자 먹는 사람들〉을 그림. 그해 11월 안트웨르펜으로 가서 화실을 마련. 그의 작품 세계에 큰 영향을 미친 일본 판화를 알게 됨.

1886년 미술 아카데미에 들어갔으나 신경과민 증상이 심해짐. 3월에 테오가 있는 파리로 감. 로트렉, 베르나르, 시냐크 등과 사귀며 새로운 미술 세계를 접함.

1887년 인상파 화가들과 교류하며 그림의 색채가 점점 밝아지고, 인상파의 흐름 속에서도 자신만의 독특한 미술 세계를 만들어 감.

1888년   건강이 나빠지고 도시 생활에 지쳐 프랑스 남부 아를로 감. 노란 집을 빌려 화실로 꾸미고 정열적으로 그림을 그림. '예술가들의 공동체'를 구상해 고갱을 아를로 부름. 건강은 점점 나빠짐. 고갱과 공동 생활을 시작했으나 갑자기 발작을 일으켜 자기 귀를 자르고 병원에 입원.

1889년   병원과 노란 집을 오가며 생활하다 다시 발작을 일으킴. 아를 시민들의 고발로 다시 병원에 감금됨. 4월에 동생 테오가 결혼. 5월에 생레미의 정신병원에 입원.

1890년   1월, 동생 테오가 아들을 얻음. 브뤼셀 전에 출품한 〈붉은 포도밭〉이 400프랑에 팔림. 이는 빈센트의 생애에 팔린 단 한 점의 유화였음. 5월에 가셰 의사가 있는 오베르로 이사. 석 달 동안 80여 점의 그림을 그리며 예술혼을 불태움. 최후의 걸작 〈까마귀가 나는 밀밭〉을 남기고 권총 자살을 기도. 7월 29일, 테오가 지켜보는 가운데 숨을 거둠. 형을 잃은 충격으로 갑자기 쇠약해진 테오도 정신 착란을 일으키다 1891년 1월 25일 세상을 떠남. 오베르 공동묘지의 빈센트 묘 옆에 나란히 묻힘.

부록 - 고흐의 편지

빈센트 반 고흐는 동생 테오와 죽는 순간까지 영혼이 담긴 편지를 주고받으며 두터운 우애를 나누었다. 18년 동안 빈센트가 테오에게 보낸 편지는 모두 668통이나 되었다. 빈센트는 편지에다 자신이 생각하고 경험한 모든 것들을 썼고, 작품의 밑그림이 될 스케치를 그려서 보내기도 했다. 테오와 나눈 편지들을 통해, 정신병을 앓으면서도 작품에 전념했던 빈센트의 열정과 심경, 주변 사람들과의 관계, 작품에 대한 설명과 예술에 대한 가치관까지도 엿볼 수 있다. 네덜란드 어, 영어, 프랑스 어로 쓰여진 668통의 편지는 문장이 아름다울 뿐 아니라 사상적인 깊이가 있어 문학 작품으로도 인정받고 있으며, 고흐 연구에도 중요한 자료가 되고 있다.

1874년 1월

테오에게

산책을 자주 하고 자연을 사랑했으면 좋겠다. 그것이 예술을 진정으로 이해할 수 있는 길이다. 화가는 자연을 이해하고 사랑하며, 평범한 사람들로 하여금 자연을 더 잘 볼 수 있도록 가르쳐 주는 사람이다.

1882년 5월 3일

테오에게

겨울에 길을 잃고 헤매고 있는 임신한 여자 …(중략)… 하루치 모델료를 다 지불하지는 못했지만, 집세를 내주고 내 빵을 나누어 줌으로써 그녀와 그녀의 아이를 배고픔과 추위에서 구할 수 있었다. …(중략)… 그녀는 포즈를 취하는 것을 조금씩 배우게 되었고, 나는 좋은 모델을 가진 덕분에 데생에 진전이 있었다.

1883년 3월 21일

테오에게

늙고 가난한 사람들은 얼마나 아름다운지, 그들을 묘사하기에 적합한 말을 찾을 수가 없다. …(중략)… 인물화가들과 거리를 산책하다가, 한 사람에게 시선을 주고 있는데, 그들은 "아, 저 지저분한 사람들 좀 봐." "저런 류의 인간들이란……." 하고 말하더구나. 그런 표현을 화가한테서 듣게 되리라고는 상상도 못했지.

1883년 12월 15일

테오에게

아버지나 어머니가 나를 어떻게 생각하는지 알고 있다. 그들은 덩치가 크고, 털이 많으며, 집 안에 지저분한 발로 드나들 게 분명한 개를 집에 두길 망설이는 것처럼 나를 집에 들이는 걸 꺼려 한다.

1885년 4월 30일

테오에게

네 생일을 맞아, 늘 건강하고 마음에 평화가 가득하기를 간절히 기원한다. 오늘에 맞춰 유화 〈감자 먹는 사람들〉을 보내고 싶었는데, 작업이 잘 진행되긴 하지만 완성하지는 못했다. …(중략)… 나는 램프 불빛 아래에서 감자를 먹고 있는 사람들이 접시로 내밀고 있는 손, 자신을 닮은 바로 그 손으로 땅을 팠다는 점을 분명히 보여 주려고 했다. 그 손은, 손으로 하는 노동과 정직하게 노력해서 얻은 식사를 암시하고 있다.

1885년

테오에게

진정한 화가는 양심의 인도를 받는다. 화가의 영혼과 지성이 붓을 위해 존재하는 게 아니라 붓이 그의 영혼과 지성을 위해 존재한다. 진정한 화가는 캔버스를 두려워하지 않는다.

1888년 9월 3일

테오에게

나는 늘 두 가지 생각 중 하나에 사로잡혀 있다. 하나는 물질적인 어려움에 대한 생각이고, 다른 하나는 색에 대한 탐구다. 색채를 통해서 무언가 보여 줄 수 있기를 바라는 것이다.

1888년 9월 17일

테오에게

오늘 아침 이른 시간에 너에게 편지를 쓴 후 태양이 비치는 정원에 그림을 그리러 나가서 작업을 마쳤다. 그림을 가지고 집으로 돌아와서 다시 새 캔버스를 가지고 나갔고, 그것도 끝내고 들어왔다. 그리고 이제 너에게 다시 편지를 쓰고 싶어 펜을 들었다.

1889년 1월

테오에게

다시 한 번 말하지만, 지금 바로 나를 정신병원에 가둬 버리든지 아니면 온 힘을 다해 그림을 그릴 수 있게 내버려 다오. …(중략)… 내가 미치지 않았다면, 그림을 시작할 때부터 약속해 온 그림을 너에게 보낼 수 있는 날이 올 것이다. 나중에는 하나의 연작으로 보여야 할 그림이 여기저기 흩어지게 될지도 모른다. 그렇다 해도, 너 하나만이라도 내가 원하는 전체 그림을 보게 된다면, 그래서 그 그림 속에서 마음을 달래 주는 느낌을 받게 된다면…… 나를 먹여 살리느라 너는 늘 가난하게 지냈겠지. 돈은 꼭 갚겠다. 안 되면 내 영혼을 주겠다.

1889년 9월 7일

테오에게

삶은 이런 식으로 지나가 버리고 흘러간 시간은 되돌아오지 않는다. 일할 수 있는 기회도 한 번 가면 되돌아오지 않는다는 것을 알기 때문에 맹렬히 작업하고 있다. 나의 경우 더 심한 발작이 일어난다면 그림 그리는 능력이 파괴되어 버릴지도 모른다. 발작의 고통이 나를 덮칠 때 겁이 난다. …(중략)… 미래의 내 모습을 상상할 수 있다. 작은 성공을 누리고 있지만, 과거에 정신병원 철창을 통해 밭에서 수확하는 사람을 내다보면서 느꼈던 고독과 고통을 그리워하는 나 자신. 그건 불길한 예감이다. 성공하려면, 그리고 계속되는 행운을 즐기려면, 나와는 다른 기질을 타고나야 할 것 같다.

청소년 토지

박경리 원작 대하소설 토지문학연구회 엮음 | 전12권 | 각권 8,000원

"나는 항상 청소년들이 토지를 읽어 주기를 열망해 왔습니다."

청소년 여러분들에게는 잊어야 할 그때 그 시절, 잊지 말아야 하는 그때 그 기억은 없을 것입니다. 그러나 단순히 그 시절을 전하기 위해, 일깨우기 위해 이 글을 쓰는 것은 아닙니다. 인류와 이 세상에 생을 받아 나온 모든 생명들의 삶의 부조리, 그것에 대응하여 살아남는 모습, 존재의 본질적 추구를 같이 생각해 보자는 것입니다.

—청소년에게 드리는 말씀 중에서

누구나 쉽게 읽고 감동할 수 있는 전 국민의 필독서!!

《청소년 토지》는 방대한 양과 수많은 등장인물, 복잡하게 얽혀 있는 사건들로 인해 청소년뿐만 아니라 일반 독자들이 읽기에는 다소 부담스러웠던 원작을 저자 박경리 선생과 《토지》 연구위원들의 철저한 검증을 통해 전체적 흐름이나 사상, 호흡과 느낌을 최대한 살리면서 새롭게 만들었다. 아울러 원작의 느낌을 보다 더 풍부하고 생동감 있게 살리기 위해 동양화가 김옥재 선생의 삽화를 곁들였다. 또한 각권 말미에는 역사적 배경이 되는 사건과 주요 등장인물에 대해 정리하여 전체적인 이해를 돕고 있다.

세기를 넘어서는 우리 시대 최고의 문학 작품!!

《청소년 토지》는 제5부 전 12권으로 구성되어 있다. 경남 하동의 평사리를 무대로 5대째 대지주로 군림하고 있는 최 참판댁과 그 소작인들의 이야기를 다룬 제1부에 이어 제2부에서는 간도에 정착한 최서희 일행의 행적을 다루고 있다. 제3부에서는 1919년 이후 3·1운동의 후유증에 시달리는 지식인들의 갈등과 혼란상, 제4부에서는 조선과 일본의 역사와 문화, 사상, 민족성 등에 대한 깊은 통찰이 전편에 흐른다. 마지막 제5부에서는 억압을 견뎌내는 우리 민족의 삶이 다양하게 펼쳐지면서 해방을 기점으로 대단원의 막을 내린다.